Arena Bibliothek des Wissens

Lebendige Geschichte

Für Volker Wehrmeyer
– den Freund und Lehrer

Harald Parigger, geboren 1953, arbeitete als Gymnasiallehrer und Seminarleiter und leitet heute ein Gymnasium bei München. Seit 1994 schreibt er neben Theaterstücken, Lyrik und Geschichten für Kinder vor allem historische Romane und Krimis für jugendliche und erwachsene Leser. Sein Werk wurde mehrfach ausgezeichnet. Im Arena Verlag erschienen von ihm in der Arena Bibliothek des Wissens *Caesar und die Fäden der Macht* (05979) **und** *Barbara Schwarz und das Feuer der Willkür* (06124), außerdem *Der Dieb von Rom* (02901), *Der Galgenstrick* (02972), *Tödliche Äpfel* (02971) und *Der Safranmord* (02970).
www.haraldparigger.com

Klaus Puth, geboren 1952 in Frankfurt am Main, arbeitete nach seinem Studium an der Hochschule für Gestaltung in Offenbach zunächst in einem Verlag für Grußkarten. Seit 1989 ist er freiberuflich als Illustrator für verschiedene Verlage tätig und hat mehrere Preise erhalten.
www.klausputh.de

Harald Parigger

Sebastian und der Wettlauf mit dem Schwarzen Tod

Die Pest überfällt Europa

Nacht des Schreckens

Jemand rüttelte ihn heftig an der Schulter.
„Sebastian, wach auf!"
Noch fast im Schlaf, knurrte er abwehrend, dann schreckte er hoch. „Was ist?"
Sein Vater stand vor ihm, in einen Umhang gehüllt, in einer Hand den ledernen Sack, in dem er seine wichtigsten Instrumente und Arzneien aufbewahrte, in der anderen eine brennende Laterne.
„Schnell, zieh dich an, du musst mir helfen!"
Sebastian schlüpfte in Hemd, Beinlinge, Überrock und Schuhe.
„Was ist los, Vater?"
Der Arzt zuckte die Achseln, sein Blick war sorgenvoll. „Ich weiß es nicht. Eine rätselhafte Krankheit beim Tucher drüben. Die ganze Familie soll befallen sein. Komm jetzt!"
Draußen in der Diele wartete eine junge Frau auf sie. Ein Laternchen in der Hand, stand sie an die Wand geschmiegt und schaute den beiden Männern verängstigt entgegen.
„Worauf wartest du?", fragte der Doktor barsch. „Geh voraus!"
Die Kleine zögerte. „Soll ich ... soll ich nicht lieber den Priester holen?"
„Für den ist immer noch Zeit. Los jetzt!"
Ohne ein weiteres Wort stapfte er hinaus in die Dunkelheit.

---

1 *Im 14. Jahrhundert waren Nachnamen im Allgemeinen noch nicht üblich. Stattdessen benannte man die Menschen oft nach ihrem Beruf (z. B. Tucher), der Herkunft (z. B. von Augsburg) oder einer besonderen Eigenschaft (z. B. Groß).*

„Ist es so schlimm?", fragte Sebastian die Magd, während sie dem Doktor hinterherliefen.
Sie nickte. „Erst einer von den Gehilfen. Dann der Herr und die Frau und der Sohn. Es ging ganz plötzlich. Sie ... sie sind vielleicht alle besessen."
„Wie kommst du denn darauf?"
„Sie sind so heiß, sie glühen, als ob sie von innen verbrennen. Sie stöhnen und keuchen. Aber die Herrin ist am übelsten dran. Sie reißt den Mund auf, sie schnappt nach Luft, sie schlägt um sich, als ob sie mit dem bösen Feind ringen müsste."
Der Arzt vor ihnen knurrte etwas Unverständliches und auch Sebastian schüttelte den Kopf. Nach Besessenheit klang das nicht, eher nach hohem Fieber und Atemnot. Aber auch nach größter Gefahr.
Stumm eilten sie durch die Nacht, bis sie das prächtige Anwesen erreichten, in dem der Tuchhändler wohnte. Keine Menschenseele war zu sehen, das große Doppeltor stand weit offen. Der Doktor stürmte hindurch und wandte den Kopf. Als er sah, dass nur Sebastian ihm folgte und das Mädchen wie angewurzelt in der Einfahrt stehen blieb, fauchte er: „Was ist? Willst uns den Weg nicht zeigen?"
„Geht nur hinauf, Herr, die erste Tür auf der rechten Seite. Und der Gehilfe ist in der Kammer daneben."
Der Doktor lachte auf. „Und du willst wohl lieber nicht mitkommen, oder?"
Ein kurzer Augenblick des Schweigens, dann ein verzagtes

„Bei meiner Seligkeit, Herr, ich hab solche Angst ..."
„Dann mach wenigstens Wasser heiß, einen Kessel, so groß, wie du ihn tragen kannst. Und bring Essig und reine Tücher!"
Ohne ein Widerwort eilte das Mädchen davon.
„Dienstbotenpack!", murmelte der Doktor zwischen den Zähnen. „Kaum geht's dir schlecht, lassen sie dich im Stich!"
Er stürmte die Treppe hinauf, Sebastian hinter ihm her. Die erste Tür rechts ... der Doktor stieß sie auf. Das Zimmer war hell erleuchtet; stickige Wärme herrschte darin. Als Sebastian hineinging, hielt er sich unwillkürlich die Hand vor die Nase, so unerträglich war der Gestank nach Schweiß, Urin und Fäulnis. Drei Menschen lagen in dem Bett, das eigentlich nur für zwei bestimmt war. Ein weiteres Bett an der Seitenwand war leer. Am Fußende des Ehebetts brannte ein Kandelaber* mit fünf Lampen, flackernd durch den Luftzug, den die Ankömmlinge mitgebracht hatten, rechts und links vom Bett brannte ein weiterer.
Es ist noch ärger, im Dunkeln krank zu sein, dachte Sebastian und warf einen Blick auf das Gesicht seines Vaters. Es war ernst, fast finster, die Lippen waren zusammengepresst und Sebastian befürchtete, dass es schlimm um die Kranken stünde.
Auf der linken Seite lag ein junger Bursche, um einiges jünger als Sebastian, zwölf, dreizehn mochte er vielleicht sein. Sein Atem ging rasselnd, immer wieder unterbrochen von leisem

---

* *Im hinteren Teil dieses Buches gibt es ein Glossar – dort sind die Erklärungen zu den Begriffen nachzulesen!*

Weinen und Wimmern, von hervorgestoßenen unverständlichen Satzfetzen – war es das, was die Dienstmagd mit Besessenheit meinte?

Die Hände des Jungen fuhren unruhig an die Schläfen, dann über die Augen, dann krallten sie sich in den Haaren fest, so, als ob sie vergebens eine Stelle suchten, an der sie sich mit ihrer Berührung Linderung verschaffen könnten.

Rechts im Bett lag der Hausherr, ein großer, schwerer Mann, die Hände auf der Decke zu Fäusten gekrallt, die Augen geschlossen, rotfleckig Hals und Gesicht, den Mund weit geöffnet, aus dem mühsam und röchelnd der Atem drang.

Die Hausfrau zwischen den beiden rührte sich nicht, stumm und wächsern lag sie da, Mund und Kinn voller bräunlicher, krustiger Flecken, die Augen starr gegen die Decke gerichtet. Nach ihr sah der Doktor zuerst, beugte sich über den Mann hinweg zu ihr hinunter, fasste ihr an die Stirn, schüttelte sie leicht, griff nach einem ihrer Arme und ließ ihn wieder fallen. Dann trat er zurück zu seinem Sohn und beantwortete den fragenden Ausdruck in dessen Gesicht mit einem knappen Nicken. Die beiden Kranken hatten nicht mitbekommen, dass sie neben einer Toten lagen. Immerhin hatten sie bemerkt, dass jemand ins Zimmer gekommen war. Der Alte flüsterte: „Wasser! Bringt mir Wasser!" Der Junge öffnete mit einem leise schmatzenden Geräusch die trockenen Lippen, brachte aber keinen Laut heraus, sondern nickte nur und stöhnte dabei.
„Hol Wasser!", befahl der Doktor. Sebastian, froh, dem Gestank nach Fäulnis und Angst und Tod für einen Augenblick entkommen zu können, eilte die Treppen hinunter in die Küche, wo die Magd einen Kessel auf die Feuerstelle gesetzt hatte und angestrengt in die sich bildenden Bläschen stierte.
„Hol frisches Wasser aus dem Brunnen!", befahl er. Sie gehorchte wortlos und kam gleich darauf mit einem hölzernen Krug wieder, den sie Sebastian in die Hand drückte.
„Du kannst das Wasser hier gleich mitnehmen. Auf dem Tisch liegen reine Tücher, in dem Krug ist Essig*."
„Wie soll ich das alles allein tragen?", erkundigte sich Sebastian ärgerlich. „Willst du mir nicht helfen?"

Das Mädchen zuckte zusammen und nickte dann zaghaft. „Ich helf dir beim Tragen, bis oben zum Treppenabsatz. Aber ... aber in das Zimmer geh ich nicht mehr!"

„Du lässt deine Herrschaft im Stich? Jetzt, wo sie dich am dringendsten braucht?"

Das Mädchen hob abwehrend die Hände und spreizte die Finger. „Ich geh da nicht hinein! Da ist der Teufel mit seinen Dämonen!"

Sebastian wurde zornig. „Ach was, Dämonen! Schämst du dich denn nicht? Da oben liegt deine Herrschaft, halb ohnmächtig vor Schmerzen, verdreckt und halb verdurstet, und du bringst ihnen nicht einmal einen Schluck Wasser?"

„Ich hab solche Angst! Die sind alle so heiß wie Feuer und stöhnen und toben, als ob sie besessen wären, und da soll ich noch hinaufgehen?"

„Ja, um der Barmherzigkeit Christi willen", entgegnete Sebastian streng, aber er fühlte doch Mitleid mit dem Mädchen. Wenn einer das Elend da oben gesehen hatte, dann dachte er wohl am ehesten daran, wie er selbst davon verschont bliebe. Er selbst hatte seltsamerweise keine Angst. Vielleicht hatte er selbst schon zu viel gesehen, wenn er mit seinem Vater in den Zimmern der Kranken und Sterbenden gewesen war.

„Wo sind eigentlich eure anderen Dienstleute?"

Die Magd wies mit dem Daumen in eine unbestimmte Richtung. „Ein paar schlafen neben dem Kontor, einige über den Stallungen, zwei Mägde in einer Nische in der Küche ..."

Die Ärmste hatte sich nicht einmal getraut, jemanden zu wecken!
„Weck sie alle auf!", befahl Sebastian. „Einer soll den Priester holen, zwei Mägde sollen die Herrin waschen und herrichten ..."
„Ist sie tot?" Die Magd schlug die Hände vor das Gesicht.
„Ja, sie ist tot", sagte Sebastian hart. „Sie war nicht besessen, sie war schwer krank und jetzt ist sie tot."
Er packte sie am Arm und schüttelte sie grob. „Mach jetzt, was ich gesagt habe! Vorher trag mir noch die Tücher nach oben!"
Er selbst schleppte mit der einen Hand den Kessel mit dem heißen Wasser hinauf, in der anderen trug er den Krug.
Er stieß die Kammertür mit dem Fuß auf und setzte den Kessel schwer atmend ab. Dann trat er neben seinen Vater an das Bett. „Es gibt Wasser", sagte er freundlich.
Die beiden Kranken öffneten die fiebrig glänzenden Augen. Während der Arzt sie stützte, flößte Sebastian ihnen die kühle Flüssigkeit ein, die sie gierig schluckten.
„Überall Schmerzen", flüsterte der Tuchhändler, als sie ihren Durst gestillt hatten. „Aber die Kopfschmerzen. Sie sind unerträglich ..." Mit hilflosem, bittendem Blick sah er den Arzt an.
„Besorg etwas Wein", befahl der Doktor, „damit ich ein Schmerzmittel darin lösen kann."

Während Sebastian davoneilte, benetzte der Doktor zwei Tücher mit Essig und Wasser und legte sie den Kranken auf die heiße Stirn.

„Was ist mit der Frau und dem Jungen?", erkundigte sich der Hausherr heiser und tastete nach der Hand neben sich, ohne zu merken, dass er eine Tote berührte.

„Ich kümmere mich gleich um sie", antwortete der Doktor ausweichend, „sagt nur erst, was geschehen ist!"

Mühsam hob der Kranke den Kopf. „Der Eberhard, mein zuverlässigster Gehilfe, ist vorgestern Abend aus Italien zurückgekommen, er war in Geschäften dort."

Langsam und stockend sprach der Kranke, kaum verständlich, jedes Wort schien ihm Qualen zu bereiten.

„Wir wollten feiern mit ihm, denn er hatte Erfolg und mir einen schönen Gewinn gemacht. Aber er fühlte sich schlecht, klagte über Schmerzen in allen Gliedern, musste sich erbrechen. Da haben wir ihm ein bisschen warmen Wein gegeben, ihn ins Bett geschickt und uns nichts weiter dabei gedacht. Nachts aber überkam ihn die Hitze, er redete wirres Zeug, wimmerte vor Schmerzen. Die Frau kümmerte sich um ihn. Heute, noch vor Morgengrauen, war sie selber krank und schlimmer dran als er. Dann hat's meinen Sohn und mich erwischt ... Himmel und Hölle, die Schmerzen! Könnt Ihr nichts dagegen tun?"

In diesem Augenblick ging die Tür auf und Sebastian kehrte mit dem Wein zurück. Ihm folgten zwei kräftige Mägde und auch der Priester war mitgekommen, ein kleiner, zierlicher Mann,

der sich mit ängstlichen Augen im Krankenzimmer umsah. Rasch ging der Doktor zur Tür. „Die Hausfrau ist tot", sagte er leise zu den beiden Mägden, „legt sie auf die freie Bettstatt; zieht sie an und richtet sie her, wie es sich gehört. Und Ihr", fügte er an den Priester gewandt hinzu, „könnt derweil die Totengebete sprechen, bis ich die Kranken fertig untersucht habe. Dann spendet ihnen die Krankensalbung."
Es geschah, wie der Doktor es angeordnet hatte. Als die Tote hochgehoben wurde, wollte ihr Mann nach ihr greifen, doch dann ließ er die Hand sinken, ganz langsam, und Sebastian schien es, als ob er in diesem Augenblick die Wahrheit begriffen hätte, aber er gab keinen Laut von sich.

Prüfend ließ der Doktor den Blick über den Leib der Toten gleiten; keine Entstellung, kein Zeichen einer Krankheit waren an ihr zu sehen. Nur ihr blasses, in Schmerz und Schock erstarrtes Gesicht mit den blasig verkrusteten Rändern aus braunrotem Blut um die Lippen legte Zeugnis ab davon, dass ihr Todeskampf schwer gewesen war.

Während die Mägde sich um ihre tote Herrin kümmerten und der Geistliche an ihrem Bett niederkniete und betete, gaben er und Sebastian den Kranken einen Becher Wein, in den der Arzt eine große Portion eines schmerzstillenden und schläfrig machenden Sirups gegeben hatte. Dann zogen sie die Decken beiseite.

„Um Gottes und aller Heiligen willen!"

Sebastian starrte entsetzt auf die entblößten Kranken und auch sein Vater war blass geworden. Anders als bei der Hausfrau hatte die Krankheit bei Vater und Sohn schreckliche Spuren hinterlassen.

In den Leisten der Kranken wölbten sich pralle, blau und gelb verfärbte Geschwülste, hässliche Beulen, die die Leiber wie aufgetrieben erscheinen ließen. Beider Brust und Bauch waren übersät von schwarzen Flecken.

„Vater, kannst du ihnen helfen?"

Der Arzt zuckte die Achseln. „Ich kann sie zur Ader lassen* oder ihnen die Geschwülste aufschneiden, damit das Gift aus ihrem Körper abfließen kann. Aber ich fürchte, dafür ist es schon zu spät, alle Organe sind schon vergiftet."

„Was ist das für eine furchtbare Krankheit, Vater, die den Körper so schnell zerstört und bei der es so wenig Hoffnung gibt?"

„Ich weiß es nicht genau. Sie könnten, habe ich eigentlich gedacht, etwas Verdorbenes oder Giftiges gegessen haben, aber die schwarzen Flecken machen mich irre. Neulich habe ich im Judenviertel etwas gehört ... eine Seuche soll über das Meer gekommen sein, soll schnell wie ein Sturmwind von Süden nach Norden vordringen. Eine Seuche, bei der die Menschen eitrige Beulen und schwarze Flecken bekommen und an der sie sterben wie die Fliegen."

Er machte eine kurze Pause und fügte dann düster hinzu: „Wenn das hier diese Seuche ist, dann gnade uns Gott. Man nennt sie den Schwarzen Tod."

Ein Schrecken aus dem Nichts
Vom Ursprung und von der Ausbreitung der Pest

Schon in der Antike hatte es immer wieder katastrophale Seuchen gegeben, denen eine Unzahl von Menschen zum Opfer gefallen war. Auch sie wurden als „Pest" bezeichnet (lat. *pestis* bedeutet einfach weitverbreitete gefährliche Krankheit). Es lässt sich aber nicht nachweisen, ob es sich bei diesen Epidemien* um die Krankheit handelte, die wir bis heute als „die Pest" oder „den Schwarzen Tod" bezeichnen und die auf einen ganz bestimmten Erreger* zurückgeht (vgl. S. 65)

Zum ersten Mal scheint diese schreckliche Krankheit in der Mitte des 6. Jahrhunderts von Äthiopien aus nach Ägypten und von dort aus in die Mittelmeerländer vorgedrungen zu sein. Immer wieder trat sie in Wellen auf, bis um 750. Dann blieb sie für 600 Jahre verschwunden, um 1348/49 als tödliche Pandemie* ganz Europa zu überziehen.

Es ist immer sehr schwierig zu erklären, warum eine Infektionskrankheit* gerade an einem bestimmten Ort und zu einem bestimmten Zeitpunkt ihren Anfang genommen hat. Sehr vereinfacht gesprochen liegt es wohl daran, dass der Erreger (also ein Bakterium* oder ein Virus*) gerade dann und gerade dort ideale Bedingungen vorgefunden hat: ein günstiges Klima, besonders anfällige Personen, besonders zahlreiche mögliche Überträger usw.

Ein solcher Ort war in den Dreißigerjahren des 14. Jahrhunderts offenbar der Balkaschsee* in Zentralasien. Von dort aus verbreitete sich die tödliche Seuche in den folgenden Jahrzehnten über die Handelsstraßen und Schifffahrtswege über weite Teile Asiens.

Eine besonders grausige Geschichte ist aus der Stadt Kaffa* (heute Feodosia) auf der Krim überliefert. Kaffa war eine Handelsniederlassung der reichen und mächtigen Stadt Genua. Sie wurde ab 1346 von einem großen Tartarenheer belagert, in dem eines Tages die Pest ausbrach – bei Zigtausenden auf engstem Raum nebeneinander kampierenden Menschen mit verheerenden Folgen. Weil die Tartaren nun glaubten, die Christen hätten ihr Trinkwasser vergiftet und dadurch die Krankheit verursacht, schleuderten sie mit Wurfmaschinen ihre Pesttoten über die Mauern der Stadt, um die Christen mit ihrer eigenen furchtbaren Waffe zu schlagen.

Ob es an diesen schauerlichen Wurfgeschossen lag oder nicht – auch in Kaffa brach die Pest aus. In Panik flüchtete jeder, der einen Platz fand, auf Schiffen aus der verseuchten Stadt – und trug so dazu bei, dass sich die Pest nur umso schneller verbreiten konnte. Schiffe aus Kaffa gelangten nach Genua, Venedig und Marseille, von dort aus

Gottvater sendet die Pest. Holzschnitt, 1480

breitete sich die tödliche Seuche über ganz Italien und Frankreich und über die Alpenpässe auch nach Deutschland aus. Im Juni 1348 erreichte sie Trient, wenig später Tirol und Bayern. Dort kam sie für kurze Zeit durch die einsetzende Kälte zum Stillstand, um dann 1349 umso heftiger wieder auszubrechen und für die nächsten Jahre in ganz Deutschland schreckliche Ernte unter der Bevölkerung zu halten.

Den Menschen des 14. Jahrhunderts muss die Pest wirklich wie ein Schrecken aus dem Nichts erschienen sein. Rasend schnell breitete sie sich aus, Reich und Arm, Hoch und Niedrig, Jung und Alt, Stark und Schwach fielen ihr gleichermaßen zum Opfer, starben einen schnellen, äußerst schmerzhaften oder gar qualvollen Tod. Es gab keine Mittel gegen sie, keinen wirklich Erfolg versprechenden Weg, ihr zu entkommen.

So entstand, neben allen möglichen praktischen Erklärungsversuchen für ihre Entstehung, bald eine Grundüberzeugung: Der Schwarze Tod war eine Strafe Gottes, verhängt über eine sündige Menschheit.

Der Schwarze Tod

Sebastians Vater saß gebeugt auf einem Hocker, vor sich auf dem Pult einen Kodex*, in dem er blätterte und hie und da mit einer Feder eine Anmerkung machte.

Seine Bibliothek war nun wirklich nicht klein, annähernd sechzig Bände umfasste sie, aber etwas Brauchbares, das ihm im Kampf gegen die entsetzliche Krankheit, die über die Stadt hereingebrochen war wie eine der ägyptischen Plagen, helfen konnte, hatte er nicht gefunden.

Ja, ein paar dürftige Hinweise gab es. So schrieb der berühmte arabische Arzt Ibn Sina*, als Folge eines Erdbebens könnte pesterregende Luft aus dem Erdinnern an die Oberfläche geraten; Galenus* erwähnte fauliges Wasser als Ursache einer Epidemie – aber was nutzte ihm das? Er wusste, dass es vor Jahresfrist im Süden Italiens ein schweres Erdbeben gegeben hatte – aber was hätte er damit anfangen sollen, wenn er vor dem Bett eines Schwerkranken stand? Ihm sagen „Beunruhige dich nicht, mein Lieber, es liegt an einem Erdbeben"?

Beim alten Tucher und seinem Sohn hatte er seine ganze ärztliche Kunst aufgewandt, mit Aderlass* und Essigwaschungen*, mit Gaben von Mohnsirup* und Theriak* – trotzdem waren beide wenige Stunden nach seinem Eintreffen gestorben und lagen jetzt, notdürftig hergerichtet für ihren letzten Weg, neben den Leichen der Hausfrau und des Gehilfen.

Nur mit Drohungen und Schlägen hatte der Doktor die Dienstboten überhaupt dazu gebracht, sich um die Toten zu kümmern; hinterher hatten sie wahrscheinlich alles, was nicht niet- und nagelfest war, zusammengerafft und sich davongemacht.

Der Doktor seufzte. Wer kümmerte sich bei einer solchen Katastrophe noch um Recht, Gesetz und Christenpflicht?

Erneut vertiefte er sich in die Schrift, die vor ihm lag. Das Wasser! Konnte es das Wasser sein? Unsinn! Die Tuchers waren reiche Leute, sie hatten ihren eigenen Brunnen mit kristallklarem Wasser. Und hatte nicht der Gehilfe als Erster die Krankheit gehabt? Der Gehilfe, der eben von einer weiten Reise zurückgekehrt war? War es möglich, dass er die Krankheit bereits mitgebracht und sie auf die anderen übertragen hatte?

Gereizt fuhr er auf, als er neben sich eine Bewegung wahrnahm. „Was willst du?", herrschte er seinen Sohn an, der leise ins Zimmer getreten war.

„Ich will Euch nicht stören, Vater", erwiderte Sebastian, „aber ... habt Ihr schon etwas über die schreckliche Krankheit herausgefunden? Ich meine, es werden vielleicht noch mehr Menschen davon befallen werden ..."

Der Doktor wollte sich schon entschuldigen und freundlich antworten; der Junge hatte einiges mit ansehen müssen und sich wirklich gut bewährt. Aber er las in seinem Gesicht so viel zweifelsfreie Bewunderung und Zuversicht, dass er angesichts der Hilflosigkeit, die er selbst empfand, erneut in Zorn geriet.

„Glotz nicht so, als ob ich Wunder vollbringen könnte!", schnauzte er. „Nein, ich habe noch nichts herausgefunden – und wenn, so würde mir das, bei allen Heiligen zugleich, auch noch nicht weiterhelfen!"

Er sah Sebastians gekränkte Miene und beruhigte sich sofort. „Ich habe Angst, mein Sohn", sagte er leise. „Wenn mich meine Ahnung nicht trügt, so wird dies die schlimmste Heimsuchung, die uns Gott seit Menschengedenken geschickt hat."

Um die trüben Gedanken wenigstens vorübergehend abzuschütteln, fuhr er fort: „Hilf mir, Sebastian! Wir wollen zusammenfassen, was wir wissen. Die Krankheit ist vielleicht über das Meer gekommen und breitet sich möglicherweise sehr schnell aus. Die Kranken haben hohes Fieber und heftige Schmerzen, besonders Kopfschmerzen. Ihr Körper ist übersät von schwarzen Flecken, in der Leistengegend oder unter den Achseln haben sie Beulen, groß wie ein Taubenei, die mit stinkendem Eiter gefüllt sind. Offenbar muss jeder sterben, der von ihr befallen ist."

Er dachte einen Augenblick nach. „So weit stimmt alles genau mit dem überein, was mir Benjamin, der Arzt des Judenviertels, neulich über den Schwarzen Tod berichtet hat. Aber etwas ist neu, zumindest hat er davon nichts gesagt. Die Krankheit tritt noch in einer anderen Form auf ... Die Hausfrau vom Tucher, du erinnerst dich?"

„Sie hatte weder Flecken noch Beulen", erwiderte der Junge nachdenklich. „Vielleicht hatte sie eine ganz andere Krankheit?"

„Möglich wäre es, aber ich glaube es nicht. Die Frau hat den Gehilfen gepflegt, sie hat zwischen ihrem kranken Mann und ihrem kranken Sohn gelegen – nein, sie hat bestimmt dieselbe Krankheit gehabt, aber in einer Form, die noch schlimmer, noch bösartiger ist, denn sie ist noch schneller gestorben und ihr Tod war kein leichter, denk an den blutigen Schaum vor ihrem Mund, an ihre verkrampfte Miene ..."

„Was können wir dann tun, um den Kranken wenigstens in Zukunft zu helfen?", fragte Sebastian und zog den Kopf zwischen die Schultern, als erwarte er einen erneuten Ausbruch des Vaters. Doch der blieb aus, stattdessen zuckte der Arzt nur die Achseln.

„Es muss sich um irgendeine Art der Vergiftung der Körpersäfte handeln, etwas anderes ist gar nicht denkbar. Also werde ich weiter zur Ader lassen, Einläufe* und Brechmittel* verabreichen – mehr kann ich noch nicht sagen. Sobald ich Zeit finde, werde ich mich mit meinem Freund Benjamin beraten, der ist ein besserer und erfahrenerer Arzt als ich."

Er stand auf und legte seinem Sohn die Hände auf die Schultern. „Und wenn ich dir auf die Frage, was das wirksamste Mittel gegen die Krankheit sei, eine ehrliche Antwort geben

soll, so würde ich sagen: ‚Lauf, so schnell du kannst, vielleicht hast du Glück und kannst so dem Schwarzen Tod entkommen.'" Sebastian sah ihn an, keine Regung im Gesicht. „Und, Vater, laufen wir?"
Unten schlug die Haustür zu, aufgeregte Stimmen ertönten, jemand polterte die Stiegen herauf. Eine Magd stürzte ins Zimmer. „Ihr müsst gleich kommen", stieß sie atemlos hervor. „Ein Dutzend Menschen in der Stadt sind krank. Eine scheußliche, unbekannte Krankheit." Sie bekreuzigte sich furchtsam und senkte die Stimme. „Jemand hat den Tod gesehen, auf einem Pferd mit Flügeln, über den Dächern der Stadt ... vielleicht müssen wir alle sterben ..."
„Dummes Geschwätz!", knurrte der Doktor und sah sie so grimmig an, dass sich ihre Todesangst in Furcht vor dem Zorn des Doktors wandelte.

Der Arzt nickte seinem Sohn zu. „Da hast du die Antwort. Was wäre das für ein Arzt, der vor der Krankheit davonliefe? Also, gehen wir!"

Am Hauseingang wartete der kleine Priester auf sie, den sie schon im Haus der Tucher getroffen hatten.

„Ihr wollt uns begleiten?" Der Doktor war erfreut. „Das ist schön, die Kranken bedürfen dringend des geistlichen Zuspruchs ..."

Der Priester winkte ab. „Es gibt jetzt Wichtigeres als den Beistand für den Einzelnen. Was, glaubt Ihr, ist die Ursache dieser entsetzlichen Heimsuchung?"

„Bei Gott, ich wollte, ich wüsste es. Aber leider kann ich im Moment keine Zeit mehr darauf verwenden, es zu ergründen. Die Erfahrung wird es mich hoffentlich lehren."

Er wollte davonstürmen, doch

der Priester hielt ihn zurück. „So wartet doch! Habt Ihr etwa bisher einen Kranken retten können?"

Der Arzt trat unruhig von einem Fuß auf den anderen. „Nein", sagte er, seine Miene war finster.

„Also meint Ihr nicht, dass diese Krankheit Gottes Wille ist und dass es anderer Mittel bedarf, sie einzudämmen, als Ihr sie zur Verfügung habt?"

Sebastian sah die Augen seines Vaters schmal werden – ein sicheres Zeichen für einen bevorstehenden Zornesausbruch.

„Welche Mittel meint Ihr?", fragte er darum schnell.

„Wir sollten vor den Rat treten und ihn auffordern, eine Versammlung einzuberufen, auf allen Plätzen, in allen Kirchen. Dort sollen alle auf die Knie sinken und beten, denn im gemeinsamen, flehentlichen Gebet zu Gott liegt unsere einzige Hoffnung."

„Ich fürchte, Ihr habt nur zu recht", sagte der Arzt, „ohne Gottes Hilfe sind wir verloren und das Gebet ist unsere stärkste Waffe im Kampf gegen die Krankheit. Aber eines habt Ihr übersehen: Es ist wahrscheinlich so, dass die Krankheit von den Kranken auf die Gesunden überspringen kann. Wenn Ihr also jetzt solche Mengen von Menschen an einem Platz versammeln wollt, womöglich die, die die Krankheit schon in sich tragen, mit den Gesunden mischt, so erhöht Ihr die Gefahr für alle!"

Der Priester war blass geworden. „Die Krankheit kann überspringen, sagt Ihr?"

Der Doktor nickte. „Höchstwahrscheinlich."

„Dann bin ich selbst in höchster Gefahr, wenn ich so einem Pestkranken die Krankensalbung spende?"

Auf ein erneutes Nicken des Arztes wurde der Mann sichtlich unruhig. „Die Versammlungen ... vielleicht kann man es ja so einrichten, dass nur die Gesunden zusammenkommen und beten ... ich muss darüber nachdenken ... Ihr braucht mich ja jetzt nicht unbedingt ..."

Während er noch sprach, entfernte er sich schon mit eiligen Schritten.

Die beiden schauten ihm hinterher, eher nachdenklich als empört. „Stimmt es, was Ihr ihm gesagt habt?", fragte Sebastian, doch er las die Antwort in den Augen des Vaters.

„So sind auch wir aufs Höchste gefährdet?"

„Das lässt sich nicht vermeiden", gab der Arzt zur Antwort. Plötzlich befielen ihn Zweifel, ob er das Recht hatte, seinen Jungen all dem auszusetzen, was sie nun erwartete, wenn ihn seine Erfahrung und seine Befürchtungen nicht trogen. „Ich bürde dir vielleicht zu viel auf, mein Sohn", sagte er mit rauer Stimme und fügte hinzu: „Du bleibst besser hier. Einer von uns muss doch auf jeden Fall gesund bleiben ..."

Einen Augenblick lang sahen sich Vater und Sohn stumm in die Augen. Beiden gingen dieselben Bilder durch den Kopf, dieselben Erinnerungen: Wie sie nach dem Tod von Sebastians Mutter alles geteilt hatten, die Trauer, die allmählich wiedererwachende Lebensfreude, die Arbeit für die Kranken, in die Sebastian nach und nach hineingewachsen war und die er in absehbarer Zeit mit einem Studium krönen und zu seinem Beruf machen sollte …

„Ich werde Euch begleiten", sagte Sebastian und rechnete damit, dass sein Vater aufbrausen und ein Machtwort sprechen würde, denn Widerspruch duldete er normalerweise nicht.

Doch der Doktor nickte nur knapp und sagte dann ohne erkennbare Regung: „Also gut. Wenn es stimmt, dass von der Krankheit ein Pesthauch ausgeht, der die Krankheit überträgt, und ich glaube sicher, dass es stimmt, dann müssen wir uns vor diesem Hauch zu schützen suchen. Wir werden uns also ein Tuch vor Mund und Nase binden und das Gesicht möglichst abwenden, wenn wir an das Bett eines Kranken treten. Mit Gottes Hilfe können wir so vermeiden, selbst vom Schwarzen Tod befallen zu werden."

In einer bei ihm seltenen Anwandlung von Zärtlichkeit legte er seinem Sohn den Arm um die Schulter und drückte ihn an sich. „Du genießt zusätzlichen Schutz, mein Lieber: Dein Namenspatron, der heilige Sebastian, ist ein mächtiger Kämpfer gegen alle Seuchen. Er wird dir beistehen. Aber jetzt komm!"

Die nächsten Tage waren für Sebastian und seinen Vater die schlimmsten ihres Lebens. Hätten sie nicht bis zur Erschöpfung arbeiten, von einem Krankenbett zum nächsten eilen müssen, sie hätten wohl mit Gott gehadert und an seiner Güte gezweifelt.

So aber blieb ihnen keine Zeit zum Zweifeln und Grübeln. Sie wuschen fieberheiße Gesichter mit Essigwasser, träufelten Mohnsaft und Wasser in trockene, schrundige, schmerzverzerrte Münder, beruhigten schreiende Kinder und weinende Mütter.

Sie richteten Schwerkranke auf und ließen sie zur Ader, sie rollten sie zur Seite und machten ihnen Einläufe, sie verabreichten ihnen Brechmittel, bis sie schwarze Galle spien. Es

war eine schmutzige, ekelerregende Arbeit, eine Arbeit, die immer mehr zu werden schien, je länger sie sich mühten. Denn kaum hatten sie ein stickiges, übel riechendes Krankenzimmer verlassen, kaum einen oder mehrere Schwerkranke so weit versorgt, wie es in ihrer Macht stand, kaum sich an der frischen Luft die mit Würzölen getränkten Wolltücher von den schweißnassen Gesichtern gerissen, so wurden sie schon in ein anderes Haus gerufen.

Dort warteten neue Kranke auf sie, solche, die, den Leib von Beulen und schwärenden Flecken entstellt, von rasenden Schmerzen gepeinigt sich auf ihren Lagern wälzten, solche, die keuchend nach Atem rangen, während blutiger Schaum über ihre Lippen quoll, und solche, bei denen nur zuckende Muskeln und flatternde Lider verrieten, dass noch Leben in ihnen war. Doch sie hätten das alles bewältigen und jeden Tag mit neuer Zuversicht beginnen können, wäre dem, was sie taten, wenigstens ein kleiner Erfolg beschieden gewesen.

Am Abend des fünften Tages aber saßen Vater und Sohn einander gegenüber im Arbeitszimmer, jeder einen Becher Wein in der Hand, so erschöpft, dass ihnen das Nippen daran schon fast zu beschwerlich schien.

„Alles, was wir tun, ist vergeblich", sagte Sebastian dumpf. „Von denen, die wir vor drei, vier Tagen behandelt haben, lebt inzwischen keiner mehr – nur dem alten Mann aus der Gerbergasse, dem ging es vorhin viel besser als gestern. Und die zwei Söhne des Stadtschreibers, fast gleich alt, gleich groß und gleich stark. Der eine ist gestern Nachmittag gestorben, der andere konnte heute Abend ohne Hilfe aufstehen und hat sogar wieder etwas gegessen. Verstehst du das, Vater, warum ausgerechnet diese zwei überlebt haben, alle anderen aber trotz aller Mühen jämmerlich krepiert sind?"

Der Doktor schüttelte schweigend den Kopf und brütete vor sich hin.

„Es ist schon so, wie der Pfaffe gesagt hat", fuhr der Junge fort. „Die Seuche ist eine Strafe, die Gott uns geschickt hat."

„Nein, Sebastian!" Der Doktor stieß den Becher auf den Tisch, dass der Wein herausschwappte. „Warum sollte Gott alle verdammen? Sogar in Sodom und Gomorrha hat er die Gerechten vorher gewarnt. Meinst du im Ernst, von all den Kranken, die wir behandelt haben, wären ausgerechnet der alte Gerber und der eine Sohn des Stadtschreibers die Gerechten, die es verdient haben davonzukommen? Nein, mein Sohn. Diese Krankheit ist eine von vielen, die über uns kommen, weil wir schwache und sterbliche Menschen sind. Sie ist nur deshalb viel schlimmer als andere, weil wir nichts über sie wissen und weil wir deshalb keine Mittel haben, sie zu bekämpfen."

Er ballte beide Hände zu Fäusten. „Und wenn nicht bald jemand Mittel und Wege findet, den Schwarzen Tod einzudämmen, dann wird er wirklich eine Heimsuchung werden, wie wir sie noch nicht erlebt haben. Denn dann, mein Sohn, wird inmitten von Krankheit und Tod der Teufel die Welt regieren, ich sage es dir voraus."

Sebastian rieb sich die müden, brennenden Augen. Wenn sein Vater keinen Ausweg wusste, dann wusste niemand einen, dessen war er sicher. „Was sollen wir tun?", fragte er trotzdem und dehnte die Worte wie in einer Beschwörung.

Der Arzt starrte eine Weile in seinen Becher, als könnte er im Wein eine Antwort auf die Frage finden. „Wir müssen vor den Rat", sagte er schließlich. „Es ist, als ob ein unerbittlicher Feind gegen die Mauern der Stadt anrennt. Wir müssen uns wappnen, wie schwach wir auch sein mögen. Denn wenn man nichts tut, geht auch bald die Hoffnung verloren."

Vier Elemente und vier Körpersäfte
Was die mittelalterlichen Ärzte über den menschlichen Körper und seine Krankheiten wussten

Die mittelalterlichen Ärzte – jedenfalls die, die an einer Universität studiert hatten und nicht nur Kräuterkundige oder einfache Chirurgen, Bader* und Zahnreißer waren – hatten in etwa die gleichen medizinischen Vorstellungen, die in der griechischen und römischen Antike entstanden und dann über das Oströmische Reich in den Orient gelangt waren. Von dort brachten sie jüdische und arabische Ärzte zurück nach Italien, vor allem an die berühmte medizinische Hochschule von Salerno*. Durch salernitanische „Gaststudenten" gelangten sie schließlich auch nach Frankreich und Deutschland.

Diese Vorstellungen hatten sich über Jahrhunderte hinweg entwickelt; als Erster zusammenhängend dargestellt hatte sie der berühmteste aller Ärzte, der Grieche Hippokrates* (um 460–377 v. Chr.), der auf der Insel Kos in der Ägäis eine große Tempelanlage mit Sanatorium leitete. In ihre endgültige Form hatte sie der griechisch-römische Arzt Claudius Galenos* (ca. 129–199 n. Chr.) gebracht, der, nach Jahren als römischer Militärarzt, eine Luxuspraxis für reiche Römer geführt hatte.

Die antiken Ärzte glaubten – wie auch die anderen Naturwissenschaftler –, dass es vier Elemente* gibt, nämlich Erde, Wasser, Luft und Feuer. Jedes dieser Elemente, dachten sie sich, hat zwei zentrale Eigenschaften: Die Erde ist kalt und trocken, das Wasser kalt und feucht, die Luft heiß und feucht, das Feuer heiß und trocken.

Jeder Stein, jede Pflanze, jedes Tier und auch der Mensch bestehen nach dieser Vorstellung im Prinzip aus diesen vier Elementen, von denen es unendlich viele Mischungsverhältnisse gibt, die in komplizierten Prozessen (z. B. durch Druck, Hitze, Kälte, Gärung) entstehen. Dabei herrscht jeweils ein Element vor, sodass dessen zentrale Eigenschaften auch die des entsprechenden Gegenstands oder Wesens sind. Zwei Beispiele aus der Pflanzenwelt: Im Pfeffer dominiert das Element Feuer, er ist daher trocken und heiß, die Kamille dagegen besteht vor allem aus Wasser, ist daher kühl und feucht.

Auch der Mensch besteht in diesem Gedankengebäude letztlich aus diesen Elementen, die er in den verschiedensten Formen und Zusammensetzungen über die Nah-

Der Mensch im Gleichgewicht der vier Elemente. Holzschnitt, 1532

rung in sich aufnimmt. Durch verschiedene Gärungs- und Verdauungsprozesse in Magen, Darm, Leber und Milz entstehen dabei aus den vier Elementen vier Körpersäfte: Aus den Erdbestandteilen der Nahrung wird die schwarze Galle (griech./lat. *melancholia*), die wie die Erde kalt und trocken ist, aus dem Wasser wird der Schleim (griech./lat. *phlegma*), wie dieses kühl und feucht, aus dem Feuer, heiß und trocken, die gelbe Galle (griech./lat. *cholera*, nicht zu verwechseln mit der gleichnamigen Krankheit) und aus der Luft das Blut (griech. *haima*, lat. *sanguis*), wie sie heiß und feucht.

Bei einem gesunden Menschen fließen diese Säfte rein, unverdorben und in angemessenem Mischungsverhältnis durch die Adern, ernähren den Körper und bilden Knochen, Muskeln, Sehnen, Haut und was sonst benötigt wird. Je nach Lebensalter überwiegt dabei ein Saft: Im Kindesalter ist es der Schleim, in der Jugend das Blut, im Erwachsenenalter die gelbe und im Greisenalter die schwarze Galle. Davon abgesehen bestimmte nach diesen Vorstellungen das – natürliche – Übergewicht eines Saftes bei jedem einzelnen Menschen auch dessen Temperament. Bei wem der Schleim *(phlegma)* überwiegt, der ist eher langsam und bedächtig, ein Phlegmatiker. Wer vom Blut *(sanguis)* dominiert ist, gilt als schöpferisch und temperamentvoll, als Sanguiniker. Dominant und jähzornig ist der Choleriker, bei dem die gelbe Galle *(cholera)* bestimmend ist. Ängstlichkeit, Verschlagenheit und Trübsinn kennzeichnen den Melancholiker, bei dem die schwarze Galle *(melancholia)* im Vordergrund steht.

Krank ist der Mensch nach den Vorstellungen der antiken und mittelalterlichen Mediziner, wenn mit seinen Körpersäften etwas nicht stimmt: Wenn das harmonische Mischungsverhältnis durcheinandergeraten ist, wenn einer der Säfte in krankhaftem Maß überwiegt oder wenn ein oder mehrere Säfte durch falsche Ernährung, Gift oder andere äußere Einflüsse verdorben ist.

Für den Fall einer solchen Erkrankung kannten die Ärzte vor allem zwei Heilmethoden. Die eine bestand darin, ein Mittel (Tinktur, Absud, Salbe usw.) zu verabreichen, das die gegenteiligen Eigenschaften besaß wie der Saft, der im Übermaß vorhanden oder verdorben war. So sollte dieser Saft, die Ursache der Erkrankung, „neutralisiert" werden. Wenn jemand zum Beispiel an einer Magenentzündung litt, war dies auf zu viel oder verdorbene gelbe Galle (mit den Eigenschaften heiß und trocken) zurückzuführen. Man verabreichte dem Kranken also Kamillenabsud, denn Kamille ist kühl und feucht wie das Element, aus dem sie zum überwiegenden Teil besteht, nämlich Wasser. So sollte das Übermaß an gelber Galle ausgeglichen werden. Tatsächlich ist Kamillentee ein gutes Mittel bei Reizungen der Magenschleimhaut. Mittels dieser (Kräuter-)Heilkunde konnte ein erfahrener Arzt seine Patienten durchaus erfolgreich behandeln, oft waren die verwendeten Substanzen aber auch zu schwach oder hatten überhaupt keine Wirkung.

Die zweite Heilmethode bestand darin, möglichst viel von dem überschüssigen oder verdorbenen Saft aus dem Körper zu entfernen und damit die Bildung der anderen bzw.

gesunden Körpersäfte anzuregen und zu beschleunigen. Diesem Zweck dienten der Aderlass (Entnahme von Blut oder, wie man damals glaubte, von verdorbenen Säften durch Schnitt in eine Vene, meist im Oberarm), der Darmeinlauf oder die Gabe von Brechmitteln.

Diese Maßnahmen waren, von wenigen Ausnahmen (z. B. Brechmittel kurz nach dem Verzehr von giftigen Substanzen) abgesehen, sinnlos und schwächten den Kranken zusätzlich.

Obwohl die Medizin, die auf den Erkenntnissen der Elementen- und Säftelehre* beruhte, oft versagte oder den Kranken gar mehr schadete als nutzte, wurde sie doch bis weit ins 18. Jahrhundert hinein angewandt. Hippokrates und Galenos galten als Autoritäten, deren Lehren anzuzweifeln völlig undenkbar war. Außerdem war das ganze medizinische Erklärungssystem, das auf der Lehre von den Körpersäften beruhte, in sich logisch und schlüssig: Jede Krankheit ließ sich darauf zurückführen, dass das Verhältnis der vier Säfte im Körper in Unordnung geraten bzw. dass einer oder mehrere der Säfte verdorben oder vergiftet war.

Aderlass. Buchmalerei, um 1340

Ein ratloser Rat

Wäre die Situation nicht so ernst gewesen, hätte Sebastian lachen können, als er seinen Vater beobachtete. Zappelig trat der Doktor von einem Bein auf das andere, man sah ihm an, dass er vor Ungeduld fast platzte. Sebastian ahnte, dass er am liebsten in die Mitte des Raums gestürmt wäre und gebrüllt hätte: „So fangt doch endlich an, ihr Rauchschwätzer, ihr Faselhänse, ihr Umstandskrämer!"

Aber an der Behäbigkeit der stadträtlichen Rituale scheiterte sein cholerisches Temperament. Unerschütterlich verlas der Schreiber die Namen aller Mitglieder des Inneren Rates* und prüfte ihre Anwesenheit, unerschütterlich trug er alle zur Verhandlung gebrachten Anträge vor. Dann wurde unter der Leitung der beiden Bürgermeister Punkt für Punkt in aller Ruhe abgearbeitet: Widersprüche gegen geforderte Abgaben, Anträge auf Neubürgerschaft, die Grundsatzfrage, wie weit Aborte vom Grundstück des Nachbarn entfernt sein müssten, Brandschutzmaßnahmen, die Vorbereitung des nächsten Marktes.

Mit roten Ohren und grimmig zusammengepressten Kiefern ließ der Doktor die Sitzung über sich ergehen, bis der Schreiber endlich seinen Antrag aufrief und einer der Bürgermeister ihm das Wort erteilte.

„Ihr habt etwas vorzubringen, Medicus?", fragte er. Er fragte mit demselben höflich-gelangweilten Desinteresse, mit dem er

---

2 Medicus – *lat. Wort für Arzt*

sich zuvor über einen angeblich zu Unrecht versetzten Gartenzaun informiert hatte.
Sebastian bemerkte, wie die Schläfenadern seines Vaters anschwollen. Mein Gott, die ganze Stadt sprach von nichts anderem als von der fürchterlichen Krankheit, die sie heimgesucht hatte, und diese Herren taten, als ob man für sie nicht einmal die Tagesordnung ändern müsste! Begriffen sie denn nicht, was ihnen allen drohte? War nicht der leere Sitz des alten Tuchers Warnung genug?
Sebastian musterte die wohlgenährten, selbstzufriedenen Gesichter, die aus den pelz- oder samtverbrämten Krägen ragten. Nein, sie begriffen wohl wirklich nichts. Sebastian meinte fast, ihre Gedanken lesen zu können: Schlimm, schlimm, diese

Krankheit, es scheint ja schon etliche Tote gegeben zu haben … um den alten Tucher, Gott sei seiner armen Seele gnädig, ist es besonders schade. Aber so was kommt vor, so ist das nun mal, Krankheiten gibt es immer wieder. Ich bin gesund, also, was kümmert's mich?

Der Doktor hatte endlich seine innere Erregung niedergezwungen und begann in ruhigem Tonfall: „Ja, meine Herren, ich habe tatsächlich etwas vorzubringen. Ich möchte den hohen und weisen Rat warnen: Eine Krankheit hat ihren Einzug in die Stadt gehalten, der wir alle zum Opfer fallen könnten. Es gibt Gerüchte, dass ganz Indien von dieser Seuche entvölkert wurde, dass sich in China die Leichenberge türmen, in Italien sollen Abertausende gestorben sein …"

Der Bürgermeister breitete abwiegelnd die Arme aus. „Diese Länder sind weit weg; im Übrigen – wer weiß schon, was an solchen Gerüchten dran ist!"

Etliche der anwesenden Männer nickten bedächtig. Jeder gute Kaufmann wusste, dass man auf bloße Gerüchte hin nichts riskierte und nichts investierte. Erst wenn man Gewissheit hatte, handelte man.

Der hitzköpfige Doktor aber war schon wieder nahe dran, seine mühsam gewonnene Selbstbeherrschung zu verlieren. „Also gut, Ihr Herren", blaffte er, „wenn Euch Gerüchte nicht genug sind, vermögen dann annähernd vier Dutzend Tote Euch zu beeindrucken? Wohlgemerkt, diese vier Dutzend sind nur die, die mir zur Kenntnis gelangt sind, die, die ich selbst behandelt habe."

„Ihr scheint keine besonders glückliche Hand zu haben, Medicus", kicherte einer der Ratsherren.

Der Doktor hob die Hand und wollte auf den Sprecher zustürzen. Gerade noch konnte ihn Sebastian am Wams packen und zurückhalten. „Nicht, Vater! Beherrscht Euch!", zischte er.

Der Bürgermeister hatte erkannt, dass die Säfte des Doktors kurz vor dem Siedepunkt standen, und meinte beruhigend: „Sprecht nur ruhig erst zu Ende. Es wird Euch niemand mehr unterbrechen."

Nachdem er einmal tief Luft geholt hatte, fuhr der Arzt also fort: „Wie gesagt, die Krankheit hat in wenigen Tagen Dutzende von Toten gefordert. Ich habe alle nur erdenklichen Mittel

angewandt, um den Erkrankten zu helfen, es war fast immer vergeblich. Lediglich zwei haben die Krankheit überlebt – aber ob das an meiner Hilfe lag, ehrlich gesagt, ich weiß es nicht."
Ganz sachlich beschrieb er dann die beiden Formen der Krankheit, die er beobachtet hatte, schilderte die Symptome, die Leiden seiner Patienten, ihren Todeskampf.

„Ich bin gekommen", schloss er, „um mich mit Euch zu beraten, Ihr Herren. Es will mir nicht in den Kopf, dass wir tatenlos zusehen, wie sich der Schwarze Tod ein Opfer nach dem anderen holt."

Als er diesen Namen aussprach, zuckten viele der Ratsherren zusammen. Eine Krankheit, mochte sie auch noch so schlimm sein, berührte einen kaum, solange man daran glauben konnte, dass man selbst von ihr verschont bliebe. Aber „der Schwarze Tod", das klang so bedrohlich, so allumfassend, so unausweichlich, dass manchem ein Schauer über den Rücken lief und manche Hand unter die Achsel fuhr, um nach einer Schwellung zu tasten.

„Wer bekommt denn die Krankheit?", fragte einer. „Sind es mehr Männer oder Weiber, mehr Sesshafte oder fahrendes Volk?"

Der Doktor schüttelte den Kopf. „Ich muss Euch enttäuschen", meinte er sarkastisch, „nicht nur Weiber, nicht nur Kinder, nicht nur fahrende Leute. Oder was immer Ihr Euch zu hören erhofft habt. Zunächst hatte ich den Eindruck, die Nähe des Flusses bedeute eine besondere Gefährdung, doch einer, der die Krankheit überstanden hat, ein Gerber, wohnt direkt über dem Fluss. Auch zwischen Arm und Reich macht der Schwarze Tod keinen Unterschied, denkt an den Tucher. Doch etwas anderes habe ich beobachtet und das macht die Heimsuchung noch schlimmer: Von den Kranken geht etwas aus, eine Ausdünstung, vergifteter Atem, ich weiß es nicht genau; jedenfalls kann diese Ausdünstung einen Gesunden krank machen, so krank, dass er in kurzer Zeit stirbt."

Die Herren im Stadtrat wurden unruhig. Der Schwarze Tod kam näher und näher – reichte schon ein kranker Nachbar oder – heilige Muttergottes, hilf! – ein erkrankter Dienstbote, dass man seines Lebens nicht mehr sicher war?

Einer sprang auf. „So gibt es nur ein Mittel", rief er, „wer die Anzeichen der Krankheit erkennen lässt, muss sofort aus der Stadt hinausgeschafft werden."

Er sah sich beifallheischend um und sah die meisten nicken, froh, dass sich da ein Ausweg aufzutun schien. Machte man es nicht bei den Aussätzigen genauso?

Ermutigt wollte der Mann fortfahren, doch der Doktor hob die Hand. „Wartet einen Augenblick! Was ist, wenn Eure Hausfrau erkrankt, Eure Kinder, Ihr selbst? Das ist keine Krankheit wie der Aussatz*, an den Ihr offenbar gedacht habt. In all den

Jahren, in denen ich hier lebe, ist gerade einmal eine Handvoll Menschen am Aussatz erkrankt und fast alle leben noch. Der Schwarze Tod hingegen hat in wenigen Tagen vier Dutzend Opfer gefordert! Wollt Ihr, wenn Ihr von der Krankheit befallen seid, wie ein toter Hund, wie ein finniges* Schwein in ein Fuhrwerk geworfen und aus der Stadt gekarrt werden? Wollt Ihr draußen auf irgendeinem Acker liegen, mit tausend anderen, von Durst und Schmerzen gepeinigt, bis Ihr verreckt?"
Der Mann schwieg bestürzt. Die anderen – in Gottes Namen. Aber er selbst?
„Dann sollte eben jeder von uns das Nötigste zusammenpacken und mit seiner Familie die Stadt verlassen", schlug ein anderer vor. Erwartungsvoll schauten alle auf den Arzt. War es das, was er raten würde? Nicht gern würden sie ihm dann folgen, denn wer ließ schon gern sein behagliches Heim, sein weiches Bett und vor allem seine Geschäfte zurück, aber sie würden es trotzdem tun, wenn er ihnen nur sagte, dass es ein Ausweg wäre.
Doch wieder schüttelte er den Kopf.
„Für den einen oder anderen mag das vernünftig sein – vielleicht kann er der Krankheit so entkommen. Aber wenn alle fliehen, ist das, als ob keiner flieht. Leuchtet Euch das nicht ein? Ihr müsstet fliehen, wohin der Schwarze Tod noch nicht gelangt ist. Aber abgesehen davon, dass man Euch vielleicht gar nicht aufnehmen würde – was ist, wenn einer – nur einer! – die Krankheit schon in sich trüge?"
Die Männer schwiegen; manche schauten so finster auf den

43

Arzt, als wäre er selbst der Überbringer des Schwarzen Todes und nicht nur der schlechten Nachrichten. Endlich wandte sich der Bürgermeister, der ihm das Wort erteilt hatte, an den Doktor.

„Ihr sagt, dass Ihr kein Mittel gegen die Krankheit habt, Ihr wollt die Kranken nicht vor die Tore schaffen, Ihr haltet auch die Flucht aus der Stadt nicht für richtig. Was, im Namen aller Heiligen, sollen wir denn dann tun?"

„Am besten wäre es, wir würden ein großes Infirmarium[3] errichten, einen Krankensaal, in den wir alle Erkrankten schaffen könnten. So würden wir sie von den Gesunden fernhalten, könnten sie aber doch so pflegen und ihnen ihre womöglich letzten Tage erleichtern, wie unsere Christenpflicht es uns gebietet."

Der Bürgermeister lächelte schmallippig. „Einen großen Saal? Wo wollt Ihr den hernehmen? Fragt einmal oder wartet, ich frage selbst: Wer von Euch, Ihr Herren, ist bereit, sein Lager für den vom Medicus angesprochenen Zweck zu räumen? Wer zahlt den Schreiner, um Betten, wer den Ofner, um Öfen zu bauen? Wer das Holz zum Heizen? Wer die Arzneien? Wer Essen und Trinken, Wäsche, Laken und Kissen?"

Manche sahen betreten zu Boden, andere starr geradeaus, einige grinsten sogar, aber alle schwiegen.

Der Doktor nahm es ruhig zur Kenntnis, doch Sebastian merkte, dass der Zorn wieder in ihm emporloderte.

„Wenn niemand einen Raum zur Verfügung stellen will", der

---

[3] Infirmarium – *Krankenstation (ursprünglich eines Klosters)*

Arzt schwenkte einen Arm in weitem Bogen, "so wäre dieser hier bestens geeignet."

Ein Sturm der Entrüstung brach los.

"Seid Ihr verrückt geworden?" – "Von diesem Saal aus wird die Stadt regiert!" – "Hier versammeln sich die vornehmsten Bürger!" – "Habt Ihr kein Empfinden für die Würde dieses Ortes?"

Sebastian spürte plötzlich den Arm seines Vaters auf seinen Schultern und merkte erleichtert, dass der befürchtete Wutanfall ausblieb. "So sind sie und man kann sie nicht ändern!", raunte der Doktor ihm zu und fuhr dann laut fort: "Schon gut, Ihr Herren! Ich merke schon, dass Ihr für meine Vorschläge nicht zu haben seid. Noch nicht. So erfüllt mir wenigstens eine bescheidene Bitte und lasst überall in der Stadt ausrufen, dass, wer einen Kranken bei sich zu Hause hat, sich ihm nur mit einem Tuch vor dem Gesicht nähern möge; außerdem soll man den Kranken hochlagern, damit

niemand dieselbe Luft wie er einatmen muss. Und befehlt, dass, wenn jemand durch das Gift des Schwarzen Todes gestorben und christlich begraben worden ist, man seine Kleider und seine Laken vor den Mauern der Stadt verbrennen solle."

Die Männer nickten gewichtig, ja, damit waren sie einverstanden, das gab ihnen das gute Gefühl, etwas getan zu haben.

Nur einer war noch nicht zufrieden, ein hochgewachsener Mann, in ein teures purpurfarbenes Gewand gekleidet.

„Wir sollten genauer ergründen, woher die Krankheit kommt", verlangte er. „Wenn wir ihren Ursprung kennen, können wir sie mitsamt ihren Wurzeln ausrotten."

Das klang vernünftig, also fragte der Bürgermeister: „Habt Ihr eine Vermutung?"

Die Antwort kam, bedächtig und von Abscheu erfüllt zugleich. „Wie könnte man diese furchtbare Krankheit besser verbreiten als über unsere Brunnen, von denen sich doch jeder das Wasser zum Trinken schöpfen muss? Wer hat wohl ein Interesse, unsere Brunnen zu vergiften? Wer neidet uns die Privilegien, die uns unser allergnädigster Herr, der Herr Kaiser, zuerkannt hat? Wer missgönnt uns unseren blühenden Handel? Wer zeigt uns durch das Erheben von Wucherzinsen, dass ihm die göttlichen Gebote gleichgültig sind?"

Es gab niemanden unter den Anwesenden, der bei diesen Worten nicht an das Viertel im unteren Teil der Stadt dachte, das Viertel neben den Gassen der Gerber und Schuster, das Viertel, in dem die Juden wohnten.

Noch einmal ergriff der Doktor das Wort. Er erwähnte nicht, dass alle anwesenden Herren zu Hause ihren eigenen Brunnen hatten. Er ließ auch ungesagt, dass ein Wucherer ja wohl kaum seine Schuldner vergiften und sich so selber um seine Zinsen bringen würde. Er meinte nur:

„Über die Brunnen kann sich die Krankheit nicht ausgebreitet haben. Denn die ersten Kranken waren der Gehilfe des Tuchers und ein Flussschiffer. Sie haben die Krankheit folglich von außen eingeschleppt."

Fürs Erste gaben sich alle damit zufrieden. Aber man sah ihren Gesichtern an, wie gern sie einen Schuldigen gefunden hätten.

„Verpestete" Luft
*Wie man sich die Entstehung und
Verbreitung der Pest erklärte*

Je weniger man über eine Krankheit tatsächlich weiß, desto weniger sind der Fantasie Grenzen gesetzt, wenn man versucht, ihre Ursachen zu ergründen. Im 14. Jahrhundert gab es deshalb eine Unzahl von Theorien über die Entstehung der Pest.

Die gängigsten Anschauungen entsprachen in etwa der Pesttheorie des Gentile da Foligno, eines angesehenen Arztes, der an der Universität von Perugia lehrte und selbst 1348 dem Schwarzen Tod zum Opfer fiel.

Gentile war der Ansicht, dass die Ursachen der Pest in einer ungünstigen Stellung der Planeten Mars, Jupiter und Saturn zu suchen waren. Dadurch, so glaubte er, seien aus Meeren und Sümpfen der Erde giftige Ausdünstungen (sogenannte Miasmen) in große Höhen gesaugt und dort erhitzt worden. Die gefährlichen Dämpfe seien dann als heiße Südwinde zurück auf die Erde geschleudert worden. Wer diese „verpestete" Luft dann einatmete, wäre verloren: In seinem Herzen und in seiner Lunge würde das Gift in konzentrierter Form in die Körpersäfte geleitet, über die Adern würde es in die Organe gelangen, die binnen kurzer Zeit verfaulten. Der Atem der Kranken wäre doppelt giftig, wer ihm ausgesetzt wäre, würde die Krankheit ebenfalls bekommen.

Manche Ärzte glaubten, nicht die Stellung der Planeten,

sondern ein großes Erdbeben sei verantwortlich für die Freisetzung von giftigen Miasmen. Tatsächlich hatte es im Januar 1348 in Friaul (Region in Nordostitalien) ein heftiges Beben gegeben.

Solche Erklärungsversuche stammten samt und sonders von Gelehrten, die mit dem damaligen Stand der Wissenschaften (besonders mit der Säftelehre, vgl. S. 31) vertraut waren und nach einer möglichst logischen Erklärung für das Aufkommen der Pest suchten, aus der sie auch Gegenmaßnahmen ableiten konnten (vgl. S. 67).

Den weniger gebildeten Leuten waren diese Theorien viel zu kompliziert. Sie bevorzugten einfache Erklärungen und kümmerten sich nicht darum, ob sie einer genaueren Überprüfung standhielten. So glaubte man, vergiftete Brunnen oder verschmutzte Seen könnten Verursacher der Pest sein, Tierkadaver oder Leichen. Besonders die Vermutung, jemand habe das Wasser vergiftet, um die Menschen krank zu machen, hatte später fürchterliche Folgen (vgl. S. 118).

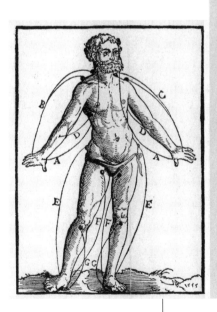

Aderlasstafel für die Behandlung der Pest. Holzschnitt, 1555

Der Kampf ist aussichtslos

Sebastian und sein Vater eilten durch die Straßen der Stadt, wieder einmal, wohl zum fünften oder sechsten Mal an diesem Tag, auf dem Weg zu einem Erkrankten, einem, der offenbar noch so bei Sinnen war, dass er ihnen einen Boten hatte schicken können.

Verbissen setzten sie einen Fuß vor den anderen; die Stirnen in tiefe Falten gelegt, die Lippen zusammengepresst, kämpften sie gegen den Ekel an, der sie überkommen wollte, wenn sie an das dachten, was vermutlich wieder vor ihnen lag.

In den Händen trugen sie ihre Taschen, die das enthielten, was den Kranken helfen sollte. Sie wussten genau, dass es bestenfalls dazu diente, den Ärmsten für kurze Zeit die Schmerzen etwas zu betäuben und ihnen das Gefühl zu geben, jemand kümmerte sich um sie.

Plötzlich blieb der Doktor stehen und stieß einen langen Fluch aus, mit dem er seiner ganzen Erbitterung und Verzweiflung Luft machte.

Sebastian blickte ihn an, halb mitfühlend, halb hilflos. „Was hast du, Vater?"

„Kannst du mir sagen, warum wir uns so beeilen? Mir einen Grund dafür nennen, dass wir uns so abhetzen, wenn uns jemand zu einem neuen Fall ruft, außer dem, dass wir unsere Ohnmacht vor uns selbst verbergen wollen?"

Sebastian schwieg. Was hätte er auch erwidern sollen! Es gab keinen Grund, sich zu beeilen. Wer sie rufen ließ, war in der Regel dem Tod geweiht. Zwar gab es einige, die die Krankheit überlebt hatten oder besser, die nach ein, zwei Wochen noch am Leben waren und das Schlimmste wohl überstanden hatten. Ob aber gerade ihnen die jämmerlichen Mittel, über die sein Vater verfügte, geholfen hatten, war höchst fraglich. Sebastian war sich inzwischen fast sicher, dass sie auch so überlebt hätten.

„Die Stadt hat sich verändert", sagte der Doktor unvermittelt. Sebastian wusste sofort, was er meinte. Ja, die Stadt hatte sich verändert, obwohl kein neues Haus gebaut und keine Gasse neu befestigt worden war.

Früher war es auf den Straßen und Plätzen lebhaft zugegangen, geschäftig, mit einer Vielfalt von vertrauten Geräuschen und Gerüchen: dem Klappern von Hufen, dem Klopfen, Poltern, Rasseln oder Schleifen aus den Werkstätten, dem

Schreien oder Lachen von Kindern, dem Rufen und Reden von Männern und Frauen, die einander grüßten oder ein Schwätzchen hielten.
Es hatte nach Pferdemist und Abfällen gerochen, nach Staub oder Schlamm,

dazwischen nach dem Duft frisch gebackenen Brotes oder dem säuerlichen Dunst abgestandenen Bieres.

Jetzt hing über der ganzen Stadt ein brandiger Gestank, der beißend wurde, wenn eine Böe fettig-schwärzliche Rauchschwaden über die Mauern trieb. Das war der Rauch der Feuer vor den Toren, in denen die Decken, Laken und Kleider der Pesttoten verbrannt wurden.

Er überdeckte alle anderen Gerüche, er zog ein in die Wäsche, die man trug, man kriegte ihn nicht mehr aus der Nase, selbst wenn man sie in ein Büschel Lavendelblüten steckte.

Auch die Geräusche waren anders, an die Stelle des gleichmäßigen, vertrauten Lärms war ein fremdartiges, bedrohliches Auf und Ab getreten: Menschen, die schweigend und in sich gekehrt durch die Gassen liefen, das plötzliche Wehklagen eines schmerzgepeinigten Kranken aus einer offenen Haustür. Die stille, düstere Prozession von in braune Kutten gehüllten Franziskanerbrüdern, die ein Fuhrwerk voller Leichen zum Pestacker* vor der Stadt geleiteten, das schrille Bimmeln des Totenglöckleins von dort her, wo es noch einen Mesner* gab, es zu bedienen. Die tränenleere, stumme Verzweiflung von Männern und Frauen, die ihre Liebsten verloren hatten und an den Wänden ihres Hauses lehnten, weil sie es drinnen nicht aushalten konnten, das Grölen einiger Zechbrüder, die durch die Gassen zogen und ihre Todesangst mit Wein bekämpften.

Ja, die Stadt hatte sich verändert und die Menschen mit ihr. Gedankenverloren starrte Sebastian auf eine feiste Ratte, die sich nur zwei Schritte vor ihm träge aus einem Haufen von Küchenabfällen herauswand und an einer fauligen Apfelhälfte schnüffelte, ohne sich von ihm stören zu lassen.

Sogar die Ratten haben sich verändert, dachte er, sie fürchten uns nicht mehr. Aus irgendeinem Grund versetzte ihn das in Wut; er hob den rechten Fuß und holte aus. Die Ratte hob witternd die Schnauze, rührte sich aber nicht. Erst als der Fuß auf sie zuschoss, drehte sie sich zur Seite und entging um Haaresbreite dem tödlichen Tritt.

„He, was machst du?" Die Stimme des Doktors klang rau, die heftige Bewegung hatte ihn aus seinen Gedanken gerissen und erschreckt.

„Ich habe nach der Ratte da getreten." Stefan wies auf den Abfallhaufen, doch das Tier war verschwunden. „Sie hat sich benommen, als ob sie mich überhaupt nicht zu fürchten hätte."

Der Doktor zuckte nur müde die Achseln. „Warum sollten sich die Ratten noch vor uns fürchten? Sie werden bald die Herrschaft über die Stadt übernommen haben – wenn die Menschen alle tot sind."

Er schüttelte sich und packte seinen Sohn an der Schulter. „Komm, weiter!"

Sie setzten ihren Weg fort, langsamer als bisher, aber ohne noch einmal anzuhalten, bis sie ihr Ziel erreichten, ein schmales Fachwerkhaus, in dessen vorderem Teil sich die Werkstatt eines Schuhflickers befand: Unverkennbar war der würzige Geruch neuen Leders und der dumpfige von lang getragenen Stiefeln, der aus der weit geöffneten Doppeltür drang und für einen Augenblick den Brandgestank überdeckte.

Sie traten ein. Die Werkstatt war verlassen, die Wände, an denen Nägel und Haken für das Werkzeug hingen, waren leer.

„Ist niemand da?", rief der Doktor verwundert in die Stille des Raumes.

Als niemand antwortete, wollten sie schon kehrtmachen, da hörten sie leises Wimmern aus dem hinteren Teil des Hauses. Sie gingen ihm nach und fanden die Kranken nebeneinander in einem Bett liegen. Zwei Kinder waren es, ein Mädchen von vielleicht zehn Jahren und ein Junge, er mochte ein oder zwei Jahre älter sein.

Die Kleine hatte die Augen geschlossen und atmete schwer. Der Junge, er war es wohl, der gestöhnt hatte, sah ihnen aus unruhigen, fiebrig glänzenden Augen entgegen.

„Wo sind deine Eltern?", fragte der Doktor.

Der Junge griff nach einem Krug, der neben dem Bett stand, hob ihn mühsam auf und versuchte, ihn an die Lippen zu heben, wobei die meiste Flüssigkeit danebenging und auf sein Kissen tropfte.

Sebastian half ihm und hielt ihm den Kopf, während er trank. Als der Junge seinen Durst gestillt hatte, versuchte er zu antworten, mit schwacher, heiserer Stimme, kaum brachte er die Worte heraus. „Weiß nicht ... sie sind weggegangen, sie kommen aber bald wieder, haben sie gesagt."

Der Arzt und sein Sohn wechselten wortlos einen Blick. Das Werkzeug war verschwunden, auch die Kleiderhaken hier in der Kammer waren leer, der Geldkasten war es wahrscheinlich auch.

„Sie haben euch allein gelassen, ohne Essen?" Sebastian war fassungslos, doch er bemühte sich, seiner Stimme einen munteren Klang zu geben.

„Nein, nein", sagte der Junge und keuchte leise dabei, „sie kommen ja bald wieder. Da, sie haben gut für uns gesorgt." Er wies mit mühsamer Handbewegung auf einen mit Grütze gefüllten Topf, der neben dem Bett stand. „Aber ich hab sowieso keinen Hunger, mir tut der Kopf so weh. Und Elsbeth mag noch nicht mal reden."

Der Doktor band sich, immer noch schweigend, ein Tuch vor den Mund, beugte sich zu dem Mädchen und legte ihm die Hand auf die Stirn. Obwohl er wusste, was er zu erwarten hatte, zuckte er zurück, so fieberheiß war sie.

Als es die Berührung spürte, schlug das Mädchen die Augen auf. Es sah das fremde, halb verhüllte Gesicht über sich, zuckte zusammen und wurde von einem heftigen Hustenanfall geschüttelt. Rötlich gefärbter Schaum trat auf seine Lippen, während es mühsam nach Atem rang. Sebastian wusste, was das bedeutete: In wenigen Stunden würde das Mädchen sterben.

Sie taten schweigend das Wenige, was sie tun konnten, wuschen den kranken Kindern die Gesichter und flößten ihnen Mohnsaft ein. Die Kleine war kaum in der Lage zu schlucken; mühsam träufelten sie ihr mit einem Löffel ein wenig von dem schmerzstillenden Gebräu in den Mund.

Anschließend wandte sich der Arzt zum Gehen, doch Sebastian hielt ihn zurück. „Wir können doch die beiden nicht allein lassen", flüsterte er eindringlich. Sein Vater musterte ihn ausdruckslos. „Und was ist mit den anderen Kranken?", entgegnete er nach einer Weile. „Sollen wir die gänzlich ihrem Schicksal überlassen?"

Sebastian antwortete nicht; stattdessen drehte er sich wortlos um und verließ den Raum, ohne noch einen Blick auf die beiden Kinder geworfen zu haben.

„Du darfst, nein, du musst Mitleid mit den Menschen haben, die du behandelst", sagte der Arzt, als er ihn draußen auf der Gasse wieder eingeholt hatte. „Doch du darfst nicht zulassen, dass das Mitleid von dir Besitz ergreift und das Elend, das du mit ansehen musst, deine Seele zerstört. Wie willst du sonst den vielen helfen, die deiner bedürfen?"

Sebastian nickte. „Was macht diese Krankheit aus den Menschen?", fragte er dann. „Eltern lassen ihre todkranken Kinder allein! Sie lassen sie allein da liegen und sterben. Sie schicken jemanden zum Arzt, stellen eine Schüssel mit Grütze hin und dann lassen sie ihre sterbenden Kinder allein. Sie nehmen ihr Werkzeug und ihr Geld und ihre Kleider und machen sich davon und die Kinder ...", er brach ab, weil ihm die Stimme versagte und seine Augen sich mit Tränen füllten.

Der Doktor fasste nach seiner Hand, wie er es getan hatte, als Sebastian noch ein kleiner Junge gewesen war. „Ja, was macht diese Krankheit aus den Menschen?", wiederholte er versonnen. „Vielleicht das, was sie wirklich sind? Sie sind brav und fleißig und meistens auch ehrlich, weil die Obrigkeit und Gott es ihnen gebieten. Weil es ihnen ganz gut dabei geht und weil sie den Anfechtungen des Lebens so am besten gewachsen sind. Aber wenn ihnen so etwas widerfährt wie jetzt, wenn das Entsetzliche sie aus ihren Bahnen reißt, wenn nichts mehr sicher ist, wenn das Maß dessen, was sie ertragen müssen, so groß ist, dass es durch Gebet und Vertrauen in Gott nicht mehr bewältigt werden kann, dann ..."

„Nicht einmal die Tiere lassen ihre Jungen im Stich", warf Sebastian heftig ein.

„Oh doch", erwiderte der Doktor, „wenn sie Todesangst haben, schon. Wenn die Angst, die die Menschen haben, so groß ist, dass sie sie nicht mehr ertragen können, dann werden die Menschen wie Tiere."

Unterdessen waren sie an der Stadtmauer angelangt, an der sich über fünfzig, sechzig Schritt eine bescheidene Klosteranlage erstreckte. Der Doktor trat an die Pforte und klopfte. Es dauerte eine Weile, bis die Tür sich öffnete und ein Bruder in grober brauner Kutte auf die Gasse trat. Der Arzt, der bei den Minderbrüdern*, denen das Kloster gehörte, wohlbekannt war, hielt sich nicht lange mit Vorreden auf. Er beschrieb das Haus, in dem sie die verlassenen Kinder angetroffen hatten.

„Ich bitte Euch, tröstet sie und steht ihnen bei, den armen Würmern", schloss er, „wenn Euch nicht auch schon die Furcht vor der Pest gelähmt hat."

„Noch ist unser Glaube größer als unsere Angst", erwiderte der Bruder mit dem Anflug eines Lächelns.

„Möge es so bleiben in dieser Welt, in der sonst nichts mehr ist, wie es war." Der Doktor wandte sich zum Gehen, Sebastian folgte ihm. „Wohin jetzt?", fragte er, denn sein Vater hatte einen Weg eingeschlagen, der weitab führte von der Wohnung des nächsten Kranken, der sie hatte rufen lassen. „Sollten wir nicht heimgehen, damit du dich ausruhen kannst?"

Das Gesicht des Doktors war grau und müde; hinter dem Anschein von Zuversicht und Munterkeit, den er aufrechtzuerhalten versuchte, bemerkte Sebastian wohl die tiefe Niedergeschlagenheit, die ihn befallen hatte. „Komm, ein Becher Wein wird dir guttun!"

Doch der Doktor schüttelte den Kopf. „Jetzt noch nicht. Wir wollen Benjamin einen Besuch abstatten."

59

Benjamin, ein jüdischer Arzt, der auch unter den Christen hohes Ansehen genoss, war ein alter Freund des Doktors und in mancher Hinsicht auch sein Lehrmeister. Er hatte Verbindungen zu gelehrten Ärzten im ganzen Süden des Reichs bis nach Italien, ein Netz, durch seine vielen Reisen dicht geknüpft.

„Er hat Erkundigungen eingezogen in der letzten Zeit", erklärte der Doktor. „Wenn einer etwas Neues weiß, mit dem man der Pest zu Leibe rücken kann, dann er. Für heute habe ich genügend Niederlagen einstecken müssen und sehne mich nach dem Gespräch mit einem klugen Kollegen, das mir – vielleicht – ein wenig neue Hoffnung einflößt. Und wenn ich schon von Einflößen rede", er setzte ein schiefes Lächeln auf, „den Wein, den du mir zugedacht hast, werde ich bei ihm wohl auch bekommen."

Nach einiger Zeit erreichten sie das Judenviertel, das

nicht weit vom Dom entfernt lag. Als sie in die Gasse einbogen, fanden sie den Weg von einer Horde Betrunkener versperrt, die sich unbekümmert im Straßendreck niedergelassen hatte und einen mächtigen Krug kreisen ließ. Nur widerwillig und nachdem ihnen der Doktor eine Münze zugeworfen hatte, machten die Zechbrüder den beiden Platz.

„Auch eine Möglichkeit, seine Angst zu bekämpfen", meinte Sebastian leise.

„Ja, und eine so gute oder schlechte wie jede andere", erwiderte der Doktor. „Solange es beim Trinken bleibt."

Gleich neben dem stattlichen Hof, der von Synagoge* und Mikwe* umschlossen wurde, befand sich das Haus Benjamins. Es schien, als habe der Arzt sie schon erwartet, denn kaum hatten sie geklopft, öffnete er schon die Tür.

Er war ein alter Mann, viel älter als Sebastians Vater, und sein dichter Vollbart war mehr weiß als grau. Sein Gesicht war sorgenvoll und wurde nur kurz von einem Lächeln erhellt, als er seine Besucher grüßte und sie hereinbat.

Vater und Sohn berührten im Eintreten die Mezuza*, was der Hausherr mit einem freundlichen Nicken quittierte: „Ihr ehrt die Bewohner, indem Ihr ihre Gebräuche ehrt", sagte er, „ich fürchte, dass das nicht mehr viele Eurer Glaubensbrüder tun, sofern sie überhaupt noch das Haus eines Juden betreten."

„Ist es so schlimm?", fragte der Doktor. Er schwankte ein wenig; die Kälte, die dauernde Anspannung, die weiten Wege, das alles hatte ihn müde gemacht.

„Ihr müsst Euch setzen, mein Freund, Ihr seht erschöpft aus."
Benjamin rief eine kurze Anweisung in die Stille des Hauses und geleitete seine Gäste dann in seinen Arbeitsraum, wo sie um einen Tisch Platz nahmen, auf dem sich aufgeschlagene Bücher stapelten, die meisten von ihnen kurze Traktate* in sauberer, aber eilig hingeschriebener Kursive*.

Benjamin ging nicht auf die Frage seines Freundes ein, sondern kam gleich zur Sache. „Ich nehme an, Ihr seid gekommen, um zu erfahren, ob es Fortschritte im Kampf gegen die Pest gibt." Er seufzte resigniert. „Wer könnte gegen die Raserei des Schwarzen Todes schon etwas ausrichten! Immerhin weisen alle Erkenntnisse darauf hin, dass man sie vielleicht etwas verlangsamen und den einen oder anderen vor der Pest bewah-

ren könnte, wenn man alle Kranken sofort von den Gesunden absondert und sie in eigenen Räumen zusammenlegt; so könnte man sie im Übrigen auch besser versorgen, mit allem Nötigen versehen und ihnen Trost spenden in ihren letzten Tagen ... Aber Ihr habt ja wohl schon versucht, die Einrichtung solcher Siechenhäuser* zu erreichen ..."

Der Doktor schlug in müder Verzweiflung mit der flachen Hand auf den Tisch. „Versucht Ihr mal, den Rat dieser Stadt von etwas zu überzeugen! Es ist, als wolltet Ihr ein Schwein dazu bringen, ein Bad zu nehmen. Und sonst? Sonst gibt es keine neuen Erkenntnisse?"

Eine alte Magd kam herein und versorgte die Männer mit heißem, gewürztem Wein. Jeder nahm einen tiefen Schluck und genoss das köstliche Aroma, das für einen Augenblick den Gestank der Pest aus den Sinnen verbannte.

Der Moment des Wohlbehagens war schnell vorüber und Benjamin breitete die Arme aus. „Neue Erkenntnisse? Nichts. Nichts, das wirklich helfen könnte. Ein paar vage Vermutungen ... ein Arzt in Straßburg behauptet, der Dreck in unseren Straßen müsste beseitigt werden, zusammen mit den Ratten, denn beide seien für die Pest verantwortlich. Die Ratten, sagt er, stürben auch an der Pest, aber das ist natürlich kein Beweis. Nein, wir müssen davon ausgehen, dass der Pesthauch aus dem Inneren der Erde kommt und dass kein Kraut gegen ihn gewachsen ist. Ein paar Dinge gibt es indes, die es vielleicht dem giftigen Hauch, der von den Kranken ausgeht, erschweren kann, in die Körper der Gesunden einzudringen. Ich habe sie Euch hier notiert."

Er reichte dem Doktor ein eng beschriebenes Blatt. „Ich bin nicht von allem überzeugt, aber man soll nichts unversucht lassen. Das wirksamste Mittel, den Kranken wenigstens Linderung zu verschaffen, scheint mir immer noch der Aderlass zu sein. Ach ja, und in einigen Fällen kann vielleicht das Leben des Kranken durch das Öffnen der Bubonen* gerettet wer…"

Krachend schlug etwas gegen die Haustür, klirrend barst gleich darauf eine Fensterscheibe. Gebrüll drang von der Straße herauf, undeutlich, von schweren Zungen gelallt, aber dennoch unmissverständlich: „Ungläubige Hunde, heidnisches Judenpack!"

Benjamin und seine Gäste saßen wie erstarrt.

„Brunnenvergifter! Wenn wir euch ausräuchern, haben wir auch die Pest ausgeräuchert!"

Der Doktor legte seinem Freund die Hand auf die Schulter. „Es sind nur einige", sagte er leise, „ein paar betrunkene Hohlköpfe."

Doch Benjamin schüttelte den Kopf. „Das Pestgift ist überall", murmelte er. „Es zerstört nicht nur die Körper, es zerfrisst auch die Seelen. Shadday schütze uns!"

4 Shadday – *hebräisch für Allmächtiger*

Von Flöhen, Ratten und Menschen
Die wirklichen Ursachen der Pest

Der Straßburger Arzt hatte recht, wenn er den vielen Abfall in den Straßen der Städte mitverantwortlich für die Pest machte. Denn wo viele organische Abfälle, wie z. B. Lebensmittelreste, sind, lassen sich bald auch massenweise Ratten nieder. Die Ratten aber haben das Bakterium in sich, das für die Krankheit verantwortlich ist (man nennt es nach seinem Entdecker, dem Schweizer Mediziner Alexandre Yersin [1863–1943], „Yersinia Pestis"). Von Ratte zu Ratte wird die Krankheit durch den Biss der Rattenflöhe übertragen, die sich vom Blut ihrer Wirtstiere ernähren.

Wenn viele Ratten an der Pest gestorben sind, geht der Rattenfloh auch auf den Menschen über – so gelangt der Mensch in den Pestkreislauf. Gibt es erst einmal Menschen mit infiziertem Blut, dann überträgt auch der Menschenfloh die Krankheit durch seinen Biss. Am schlimmsten aber wirkt sich ein Übertragungsweg aus, den man auch von harmlosen Erkältungskrankheiten kennt: der Weg über den Nasen-, Rachenraum, die sog. Tröpfcheninfektion*: Beim Sprechen, Atmen, Niesen, Husten sind feinste Tröpfchen in der ausge-

Rattenfloh

atmeten Luft enthalten, in denen sich massenhaft Bakterien befinden. Wer sich in der Reichweite dieser Tröpfchen befindet, für den besteht höchste Infektionsgefahr.

Die Formen der Pest

Bei einer Hautinfektion (durch Flohbisse) kommt es zum Ausbruch der Beulenpest: An den Wunden der Biss-Stellen entstehen schwarze Flecken (die der Krankheit den Namen „Schwarzer Tod" eingebracht haben). Das körpereigene Abwehrsystem versucht, die Bakterien aufzuhalten und zu vernichten; Zentren dieser „Abwehrschlacht" sind die Lymphknoten in den Armbeugen und in den Leisten, die sich dem Bakterienangriff wie eine Leibwache stellen. Dadurch kommt es an diesen Stellen zu großen Geschwulsten, den „Pestbeulen" (Bubonen), die sich mit im Abwehrkampf abgestorbenen weißen Blutkörperchen (Eiter) füllen. Gelingt es der „Leibwache", dem Angriff standzuhalten und die Bakterien abzutöten, hat der Kranke eine Chance, die Pest zu überstehen. Durchbrechen die Bakterien aber die Abwehrfront, kommt es zu einer Blutvergiftung (Septikämie*) und der Kranke stirbt in kurzer Zeit.

Patienten, die an dieser Form der Pest leiden, haben hohes Fieber, unerträgliche Kopfschmerzen und Durchfall; sie leiden an Schwindelanfällen und haben Halluzinationen (Wahnvorstellungen).

Bei einer Tröpfcheninfektion gab es für die Kranken der damaligen Zeit keine Rettung mehr: Die Bazillen gelangen direkt in das Lungengewebe, zerstören es und lähmen die Nerven. Es kommt zu Herzrasen, Bluthusten und Atemnot, in kurzer Zeit ersticken die Patienten.
Gelegentlich kommt es vor, dass sich Menschen zwar anstecken, die Krankheit aber nur in einer ganz milden Form mit leichtem Fieber auftritt und wie ein normaler Schnupfen bald vorübergeht. Wem das widerfährt, der hat doppelt Glück, denn er kann sich für längere Zeit nicht mehr anstecken, er ist immun. Eine Zeit lang immun waren auch die Patienten, die eine Bubonenpest überlebt hatten.

Wie die Ärzte zu helfen versuchten

Ein wirksames Mittel gegen die Pest kannte niemand. Die häufigste Maßnahme war der Aderlass, der aber für die ohnehin geschwächten Patienten eher schädlich als nützlich war. Das Gleiche galt auch für Brechmittel oder Einläufe.
Das Verbrennen duftender Kräuter und Hölzer und das Verspritzen von Essig- oder

Arzt am Bett eines Pestkranken, um 1500

Rosenwasser sollten die Luft vom Pesthauch reinigen. Als Gegenmittel galten auch penetrant stinkende Stoffe. Wer es sich leisten konnte, ließ sich Theriak* verabreichen, die berühmteste und teuerste Arznei des Mittelalters, oft aus Hunderten von Bestandteilen zusammengesetzt und – jedenfalls gegen die Pest – völlig wirkungslos.

Da der Südwind als „Transportmittel" des Pesthauchs galt (die Pest war ja tatsächlich aus dem Süden gekommen!), sollten nur die Fenster nach Norden geöffnet werden. Viele Ärzte empfahlen spezielle Diäten zum Schutz vor der Pest: leicht verderbliche Lebensmittel, die die Fäulnis im Körper begünstigen könnten, wie z. B. Fisch oder Birnen, sollte man meiden, stattdessen lieber Wein und Süßigkeiten zu sich nehmen.

Den Ärzten wurde geraten, Tücher oder mit Kräutern gefüllte Masken vor das Gesicht zu binden und das Gesicht bei der Untersuchung der Kranken abzuwenden, um eine Infektion zu vermeiden.

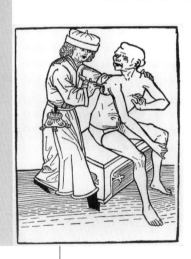

Zumindest eine kleine Chance hatten die Patienten, die an der Bubonenpest erkrankt waren. Wenn ein Arzt die Beulen zufällig zum richtigen Zeitpunkt aufschnitt, solange nämlich die Lymphabwehr noch standhielt, den Eiter abfließen ließ und die Wunden mit Essig desinfizierte, konnte die Krankheit unter Umständen gestoppt werden.

Pestarzt beim Beulenaufschneiden. Holzschnitt, 1482

Dieser chirurgische Eingriff war die einzige Maßnahme, die – manchmal – helfen konnte. Erst nachdem die Seuche schon Hunderttausende von Opfern gefordert hatte, erkannte man, dass man sie durch Isolation der Kranken in Siechenhäusern besser eindämmen konnte. Lange dauerte es auch, bis man den Zusammenhang zwischen der Pest, den Abfällen in den Städten und den Ratten begriff und die hygienischen Verhältnisse durch den Bau von Kanalisationen verbesserte.

Viele Ärzte sahen als einzigen wirksamen Schutz vor dem Schwarzen Tod die Flucht an. Doch auch dieser Schutz war trügerisch: Viele Menschen flohen vor der Pest her nach Norden, glaubten sich in Sicherheit und wurden dann doch von der tödlichen Seuche eingeholt, die sich über andere Reisende und über die Wanderratte mit großer Geschwindigkeit in nördlicher Richtung ausbreitete. Manche trugen wohl auch schon die Flöhe am Leib, deren Biss dann die Bakterien übertrug und die Krankheit auslöste.

Ein schweres Erbe

Draußen vor dem Haus des Arztes war es ruhig. Ein paar kräftige Burschen des jüdischen Viertels hatten die Angreifer vertrieben.

Für wie lange noch?, dachte Sebastian beklommen, während er an der Seite seines Vaters langsam durch die Gassen schritt, bestimmt kommen sie wieder, nachts und mit so vielen, dass die Juden sie nicht mehr vertreiben können. „Ausräuchern, wir werden euch ausräuchern", hatte die Bande geschrien. Sebastian glaubte zu wissen, was sie damit meinten, die Narren. Nur wem der Wein und die Angst vor dem Schwarzen Tod den Verstand geraubt hatten, würde die Glut aus dem Herd an die Mauern der Häuser legen und so eine weitere tödliche Bedrohung über die Stadt bringen.

Sebastian hatte schon erlebt, was geschah, wenn jemand aus Nachlässigkeit oder böser Absicht einen Brand entfacht hatte, wenn sich die brüllenden Flammen durch Fachwerk und Gebälk fraßen, wenn jeder klägliche Wasserguss die Glut nur noch höher auflodern ließ, wenn die gierigen Feuerzungen einen ganzen Straßenzug vernichteten und nichts übrig ließen als rauchende, rußgeschwärzte Ruinen.

Auf einmal packte ihn die Furcht so heftig, dass er nicht mehr klar denken konnte, dass nichts mehr in ihm war als Bilder des Schreckens, Bilder von Kranken und Sterbenden, an deren

Lager, umgeben von züngelnden Flammen, der Schwarze Tod stand und mit seinem Pesthauch die Glut noch heftiger entfachte.

So merkte er erst, dass etwas nicht stimmte, als sein Vater neben ihm stolperte und zu Boden stürzte.

Der Schrecken half ihm, sich zusammenzureißen. „Was ist los, Vater?" Er beugte sich nieder, packte den Doktor unter den Armen und richtete ihn ächzend auf. „Was ist mit dir? Geht es dir nicht gut?"

„Es ist nichts weiter." Der Doktor keuchte und stützte sich schwer auf Sebastians Schulter, so fest gruben sich seine Finger in das Fleisch, dass der Junge aufstöhnte.

„Vater, bei allen Heiligen, was hast du?"

„Nichts, habe ich gesagt. Ich bin nur müde. Weiter jetzt!" Der Doktor stieß die Antwort mühsam und kaum verständlich hervor, doch der vertraute Jähzorn klang darin mit und gab Sebastian für den Augenblick seine Zuversicht zurück. Nach einem solchen Tag und drei großen Bechern von Benjamins Wein, wer wäre da nicht müde gewesen! War nicht auch er zum Umfallen müde? Da war nichts, was man nicht mit einer warmen Suppe und ein paar Stunden Schlaf wieder in Ordnung bringen konnte.

Er schlang einen Arm um den Leib seines Vaters, packte ihn mit der Hand fest am Gürtel und zog ihn mit sich.

Langsam, unendlich langsam kamen sie voran, Haus um Haus, Gasse um Gasse. Es war kälter geworden, ein kräftiger Wind trieb Wolkenfetzen über den Himmel und brandig riechende Schleier über die Mauern. Der Marktplatz war fast völlig verlassen, nur ab und zu tauchte eine dunkel verhüllte Gestalt zwischen den Verschlägen und Buden auf, vielleicht ein Dieb, der auf leichte Beute hoffte, vielleicht ein Händler, der sein Eigentum zu schützen suchte.

Als sie der mächtigen Fassade der Hauptkirche auf fünfzig Schritte nahe gekommen waren, öffnete sich langsam das große Portal. Eine lange Reihe von Frauen und Männern kam heraus, schweigend, die Köpfe gesenkt. Vorneweg schritt ein Priester, ein Bild in den hoch über den Kopf erhobenen Händen.

Sebastian blieb stehen, nicht weil die Prozession seine Neugier erregt hätte, sondern weil er spürte, dass sein Vater nicht mehr konnte. Der Doktor atmete in kurzen, hastigen Zügen; mehr als ein Dutzend davon brauchte er, musste die Luft mit großer

Anstrengung in sich hineinsaugen, bevor er für einen Augenblick ruhiger wurde, um dann erneut nach Atem zu ringen.

Er hob mühsam eine Hand und deutete auf das Bild. Jetzt erst schaute Sebastian hin und sah einen jungen Mann von kräftiger, fast athletischer Gestalt, der an einen Baum mit grüner Krone gefesselt war. Überall in dem muskulösen Körper, in Brust, Bauch, Schultern, Armen und Beinen steckten Pfeile, aus zahllosen Wunden rann das Blut. Doch dem Mann schien das nichts auszumachen, mehr noch, sein Gesicht trug, während sein Blick auf seinen misshandelten Leib gerichtet war, ein Lächeln, kein herablassendes oder spöttisches, sondern ein freundliches und mildes, als habe er Mitleid mit dem Schmerz, als ob der keine Macht über ihn gewinnen könne.

Sebastian fühlte sich seltsam angezogen von dem Bild und mochte die Augen nicht abwenden; als der Zug sich in dieselbe Richtung bewegte, in die sie gehen mussten, um nach Haus zu gelangen, nahm er das als ein Zeichen der Hoffnung.

„Sebastian ... Dein Patron ..." Kaum hörbar waren die Wörter im rasselnden, keuchenden Atem des Vaters.

„Wir müssen weiter." Sebastians Beine zitterten vor Anstrengung, als er seinen Vater vorwärtsschob, der schwer an seiner Schulter hing und die Füße kaum noch zu heben vermochte. So langsam die Prozession sich auch bewegte, die dem Bildnis des heiligen Sebastian folgte, sie war ihnen bald weit voraus und verschwand schließlich hinter einer Ecke. Mit ihr verschwand der Anflug von Hoffnung, den Sebastian empfunden hatte. Er bemerkte, dass seinem Vater Tränen über das Gesicht liefen, während er verzweifelte Anstrengungen unternahm, seine Lungen mit Luft zu füllen, und dabei zusehends schwächer wurde.

„Wir schaffen es, Vater, wir schaffen es! Gleich sind wir zu Hause!"

Gleich sind wir zu Hause, wiederholte er in Gedanken, wieder und wieder. Er konzentrierte sich mit aller Macht auf diese Worte, als ob mit dem Erreichen des Hauses alles wieder gut würde.

Endlich hatten sie es geschafft. Sebastian stieß die Tür auf und noch im Flur brach der Doktor zusammen.

Sebastian brüllte die Namen der Ehalten*, seine ganze Angst, seine hilflose Wut gegen den unerbittlichen, unerreichbaren

Feind, der nun auch seinen Vater niedergestreckt hatte, legte er in seine Stimme: „Andreas! Maria!"

Im hinteren Teil des Hauses schlug eine Tür, dann stürzten die beiden herbei, die Münder schon zu vorwurfsvollem Protest geöffnet. Doch beim Anblick des Doktors verschlug es ihnen die Sprache.

Er lag auf dem Boden, mit zuckenden Gliedern, sein Brustkorb hob und senkte sich, die Augen im bläulich angelaufenen Gesicht blickten starr und von panischer Furcht geweitet. Bald rang er gequält nach Luft, bald hustete er würgend, bis blutiger Schaum auf seinen Lippen stand.

Obwohl sie als Gehilfen eines Arztes allerhand gewohnt waren, hätten die beiden wohl entsetzt die Flucht ergriffen, wenn sie nicht von Sebastians voller Verzweiflung herausgeschrienen Kommandos überrumpelt worden wären: „Schnell, hebt ihn auf, tragt ihn nach oben, macht schon, aber seid vorsichtig!"

So gehorchten sie wortlos. Zu dritt schafften sie den Kranken die Stiege hinauf in seine Schlafkammer. Als er endlich, in warme Decken gehüllt, im Bett lag, waren sie in Schweiß gebadet, denn der von Atemnot Gepeinigte, unablässig von Krämpfen und Hustenanfällen geschüttelt, hatte ihnen nicht helfen können.

„Was jetzt?", fragte Andreas, der sich, ebenso wie Maria, vom Bett zurückgezogen hatte, um dem Kranken möglichst nicht zu nahe zu kommen.

Ja, was jetzt? Sebastian sah zu seinem Vater. Der hatte immer einen Rat gewusst, und selbst wenn der Tod des Kranken schon unausweichlich war, war ihm etwas eingefallen, das seine letzten Stunden erleichtern und sein Sterben sanfter machen konnte.

Jetzt war er selbst es, der auf den Tod darniederlag, und obwohl er so vielen geholfen hatte, zeigte Gott kein Erbarmen, denn als Sebastian ihn fragte: „Vater, was kann ich tun, damit du nicht so leiden musst? Sag mir ein Mittel!", da richtete er nur die angstgeweiteten Augen auf ihn, während er verzweifelt nach Luft schnappte, und riss den Mund, der schon weit offen stand, noch weiter auf; aber er brachte kein Wort heraus.

Ja, was jetzt? „Geht, holt den Priester!", schrie Sebastian, und während die beiden Dienstboten, froh, dem Anblick des Kranken entrinnen zu können, davonliefen, eilte er ins Arbeitszimmer seines Vaters und holte den Schlafmohnsirup, die stärkste Konzentration. Sie half bei schlimmen Schmerzen, vermochte

gar, Besessene zu beruhigen – sie musste seinem Vater wenigstens Linderung bringen!
Der Doktor lag unverändert auf dem Rücken, die Augen starr gegen die Decke gerichtet, nach Luft ringend.
„Vater, der Mohnsaft, meinst du, er hilft dir?"
Der Kranke reagierte nicht, half auch nicht mit, als Sebastian ihm einen Arm unter die Schultern schob, ihn, so gut er konnte, aufrichtete und ihm etwas von dem Schmerzmittel einflößte. Das meiste lief ihm wieder zu den Mundwinkeln heraus, aber etwas mochte er doch geschluckt haben. Sebastian ließ nicht locker, bis er die halbe Flasche geleert hatte. Dann wartete er eine Weile schweigend und furchtsam an seines Vaters Bett. Täuschte er sich oder wurde der Kranke allmählich ein wenig ruhiger, zuckte weniger, schnappte in nicht mehr ganz so kurzen Abständen nach Luft?
Behutsam ließ Sebastian den Kopf seines Vaters auf die Kissen zurücksinken, setzte sich neben ihn und fasste nach seiner Hand.

Der Vater erwiderte den Druck seiner Finger, nicht fest, aber doch deutlich spürbar. Rasch sah Sebastian ihn an. Die Augen, immer noch starr und geweitet, waren jetzt auf ihn gerichtet, die offenen Lippen formten mühsam Laute, die nicht zu vernehmen waren.

„Sprich nicht, Vater", sagte Sebastian. Sosehr er sich auch bemühte, vermochte er doch das Zittern in seiner Stimme nicht zu unterdrücken. „Sprich nicht, ruh dich nur aus!"

Er streichelte die Hand, die in seiner lag und deren Druck fast von Augenblick zu Augenblick schwächer wurde.

Eine Weile verging. Kein Laut war zu hören bis auf das rasselnde Keuchen, das aus der Brust des Kranken drang, aber auch das wurde schwächer und seltener.

Irgendwann polterte jemand die Stiegen herauf; Andreas trat in die Tür, außer Atem und verschwitzt.

„Der Priester", sagte er und blickte scheu zu dem Kranken hinüber, „der Priester will nicht kommen. Er sagt, in solchen Stunden der Not nimmt Gott die Bußfertigkeit eines Kranken auch ohne Priester entgegen."

Sebastian löste sanft seine Hand aus der seines Vaters.

„So, der Priester kommt nicht?", sagte er seltsam ruhig. „Soll ihn der Teufel holen, wenn er ihn braucht."

Er beugte sich über den Doktor und fuhr ihm behutsam über die Lider, dass sie sich schlossen. „Mein Vater braucht ihn nicht mehr. Er ist tot."

Mochten die anderen ihre Verstorbenen inzwischen auch ohne feierliches Geleit und wie krepiertes Vieh aus der Stadt schaffen lassen, Sebastian wollte seinem Vater alle Ehre erweisen, die angesichts der Umstände noch möglich war.

Nachdem er die Nacht über die Totenwache gehalten hatte, entkleidete er am Morgen den Leichnam und ließ Andreas die Kleider des Verstorbenen zum Verbrennen vor die Stadt bringen, wie es die Vorschrift gebot.

Gemeinsam mit den Dienstboten, denen er für ihr Ausharren eine reiche Belohnung versprochen hatte, wusch er seinen Vater sorgfältig, kleidete ihn in sein bestes Hemd, hüllte ihn in feine Leintücher und bahrte ihn auf.

Anschließend machte er sich auf den Weg zum Kloster der Franziskaner, das sein Vater und er gestern besucht hatten – gestern, da war sein Vater noch ein gesunder Mann gewesen, erschöpft vielleicht von Anstrengung und Misserfolg, aber gesund …

Es war, als ob erst der Gang durch die Stadt ihm das Ausmaß seines Verlusts deutlich machte, dieser Gang, den er so oft an der Seite seines Vaters unternommen hatte. Er schrie seinen Schmerz hinaus, während er durch die Gassen lief. In normalen Zeiten hätte ihm sicher der eine oder andere Worte des Trostes zugerufen, wäre ein Stück mit ihm gegangen oder hätte ihn zu dem Verstorbenen begleitet – jetzt, da der Schwarze Tod die Stadt regiert, beachtete ihn niemand.

Als er sein Ziel erreicht hatte, wurde er sofort zum Prior geführt, der ihn teilnahmsvoll empfing. „Es ist, wie es ist", sagte er bekümmert, als Sebastian die letzten Stunden seines Vaters geschildert hatte. „Wer sich derer annimmt, die an der schrecklichen Krankheit leiden, ist doppelt gefährdet. Dein Vater war ein tapferer Mann, wir werden ihm das letzte Geleit nicht versagen." Er legte Sebastian eine Hand auf die Schulter. „Tröste dich, seine Seele ist bei Gott."

So kam es, dass, während man die meisten Pesttoten inzwischen ohne viel Federlesens über- und nebeneinander auf nacktem Karren zum Pestacker schaffte, der verstorbene Arzt auf festlich geschmücktem Wagen hinausgefahren wurde, geleitet von einem Dutzend singender und betender Franziskaner, unter die sich sein Sohn Sebastian eingereiht hatte.

„Herr, schenke ihm die ewige Ruhe!" Feierlich erklang der Gesang der Brüder und scholl über die Gräber der Hunderte oder Tausende Menschen, wer hätte sie jetzt zählen mögen, die der Pest schon zum Opfer gefallen waren. Vorsichtig wurde der

Leichnam des Doktors in das Grab gesenkt, neben denen, die er mit allen seinen Kräften und doch vergeblich zu retten versucht hatte.

Während die Brüder das Grab zuschaufelten, starrte Sebastian mit Augen voller Tränen auf die schwarze Erde, die seinen Vater mehr und mehr bedeckte. In seine Trauer mischte sich Angst. Angst vor dem Leben, das jetzt auf ihn wartete, Angst davor, dass der Schwarze Tod auch nach ihm die Hände ausstrecken würde, dass er qualvoll sterben musste wie sein Vater, der ihm doch immer so stark und voller Lebenskraft erschienen war. Angst vor jeder Stunde, vor jedem Tag.

Die Geste des kranken Vaters kam ihm in den Sinn, die Handbewegung, mit der er auf den heiligen Sebastian gewiesen hatte, als ob er ihm hatte sagen wollen: „Vertrau auf ihn!"

Sebastian blieb noch eine Weile am Grab seines Vaters stehen, als die Brüder sich schon auf den Rückweg gemacht hatten. Er versuchte, sich das Bildnis des kräftigen jungen Mannes in Erinnerung zu rufen, der seine Qualen so lächelnd ertrug. Aber das Bild blieb fern und blass und unnahbar. Ein Gefühl grenzenloser Einsamkeit überkam ihn. Was sollte er jetzt tun? Untätig von dem zehren, was sein Vater ihm hinterlassen hatte? Vor der Pest fliehen?

Auf dem Heimweg erinnerte er sich, was sein Vater ihm einmal gesagt hatte: Am besten wäre es, vor der Seuche zu fliehen, dahin, wohin sie noch nicht gelangt war. Das hatte er gesagt und sich unbeirrt gleich hinterher auf den Weg zum nächsten Kranken gemacht.

So entschloss sich Sebastian, zu bleiben und das Erbe seines toten Vaters anzutreten, auch wenn er nur ein Junge und die Last für seine Schultern zu schwer war.

Die Heiligen – Helfer in der größten Not?

In den Zeiten der Pest, in denen alle ärztliche Kunst versagte, in der die üblichen Arzneien und Heilmethoden nichts nutzten, suchten die Menschen in ihrer Orientierungslosigkeit mehr noch als sonst Hilfe in Religion und Aberglauben.

Weil niemand die Herkunft der Krankheit wirklich schlüssig erklären und niemand ein wirksames Mittel gegen sie bereitstellen konnte, wurde sie von vielen Menschen als Strafe Gottes aufgefasst: Gott schleuderte in seinem Zorn giftige Pestpfeile gegen die sündige Menschheit, die gegen seine Gebote verstoßen hätte. Viele Geistliche nahmen diese Vorstellung in ihre Predigten auf.

Wer sich vor diesen Pfeilen schützen wollte, musste sich der gängigen Vorstellung nach an Wesen wenden, die Gott besonders nahestanden. Wem es gelang, ihre Fürsprache zu erwirken, konnte darauf hoffen, vom göttlichen Zorn verschont zu werden.

Den mächtigsten Schutz bot Christus, der als sein Sohn unmittelbaren Zugang zu Gott hat. Auffällig ist, dass in dieser Zeit Christus oft nicht mehr als strahlender König, der die Folter klaglos erträgt, dargestellt wird, sondern als Leidender, dessen Wunden besonders herausgestellt werden, als „Schmerzensmann".

Auch Maria, die Mutter Jesu, konnte bei der Abwehr der Pestpfeile helfen. Sie wurde in den Zeiten der Seuche als „Schutzmantelmadonna" dargestellt, als Heilige, die mit

ihrem weit ausgebreiteten Umhang die tödlichen Pfeile auffängt und so unschädlich macht. Unter den „normalen" Heiligen war es Sebastian, der als Schutzpatron gegen die Pest besondere Verehrung genoss. Von ihm berichtet die Legende, dass er unter dem römischen Kaiser Diokletian (240–316) wegen seiner Treue zum christlichen Glauben mit Pfeilen beschossen worden sei und dieses Martyrium überstanden habe, später dann erschlagen worden sei.

Schon sehr früh wurde der heilige Sebastian dafür verehrt, dass er sozusagen stellvertretend für die sündige Menschheit die Pfeile (als Symbole des Todes und der Rache) auf sich genommen und damit zu ihrer Rettung beigetragen habe. Verehrung als Pestheiliger genoss er schon im 7. Jahrhundert, als eine – der Pest zumindest ähnliche – Seuche in Rom wütete. Damals trug man der Überlieferung nach seine Reliquien* in einer feierlichen Prozession durch die Stadt, worauf die Seuche binnen kurzer Zeit erloschen sei.

Als besonders wirksam galt ab dem 15. Jahrhundert auch das Gebet zum heiligen Rochus (angeblich um 1295 in Montpellier/Südfrankreich geboren). Von ihm wird berichtet, dass er sein Leben der Pflege Pestkranker gewid-

Das Martyrium des heiligen Sebastian. Kupferstich, 1460

met habe, selbst auch an der Seuche erkrankt, aber von einem Engel geheilt worden sei.

Gegen die Pest wurden auch Kosmas und Damian (zwei christliche Ärzte, die ebenfalls unter Diokletian den Märtyrertod erlitten haben sollen) und die vierzehn Nothelfer, zuständig für Krankheiten und Sorgen aller Art, angerufen. Außerdem gab es in jeder Region Heilige, denen sich die Bevölkerung eines Landstrichs besonders verbunden

Sankt Rochus wird während seiner Pesterkrankung von einem Hund mit Brot ernährt und von einem Engel gepflegt. Holzschnitt, um 1480

fühlte und die sie deshalb als Schutzpatrone gegen den Schwarzen Tod anrief.

Neben dem Gebet zu Christus, Maria und besonderen Heiligen, das auf dem Glauben beruhte, Reue, Gebet und Buße könnten nicht nur die Seele retten, sondern auch vor der göttlichen Rache in Gestalt einer tödlichen Krankheit bewahren, griffen die rat- und hilflosen Menschen auch zu anderen Mitteln, um sich vor der Seuche zu schützen oder wenigstens die tägliche Angst zu lindern, die kaum weniger schlimm und peinigend war als die Krankheit selbst. Sie hängten sich Amulette in Form von Pergamentstreifen oder metallenen Pestkreuzen um den Hals, auf denen neben Gebeten (z. B. zum heiligen Sebastian) auch Zaubersprüche, astrologische oder magische Zeichen standen; als hilfreich galt es auch, einen Pfeil oder eine Alraunwurzel* bei sich zu führen.

Ein wirksamer Schutz war das alles wahrhaftig nicht, aber es hat den Menschen vielleicht ein wenig von ihrer Angst genommen und so geholfen, die Zeit des Schwarzen Todes besser zu ertragen.

Kreuzblatt gegen die Pest. 1480

Der Tanz auf dem Vulkan

Kaum zwei Tage, nachdem er seinen Vater zu Grabe getragen hatte, wurde Sebastian krank. Als er den ersten Schwindel fühlte und merkte, wie ihm die Hitze in den Kopf stieg, glaubte er sicher, dass nun auch sein Ende unmittelbar bevorstand. Er nahm es mit einer Gelassenheit hin, die ihn selbst in Erstaunen versetzte. Keine Todesangst überkam ihn, kein Verlangen, seinen Namenspatron um Rettung anzuflehen. Es war, als ob die unerträgliche Leere und Einsamkeit, die er nach dem Tod des Vaters gefühlt hatte, nun begrenzt sei durch die Krankheit.

Er bezahlte, als er die Krankheit in sich spürte, großzügig die beiden Dienst-

boten und entließ sie; auf einem Pergament notierte er, dass alles, was ihm sein Vater hinterlassen habe, nach seinem Tod den Franziskanern zufallen solle, und legte sich, mit ausreichend Wasser und schmerzlinderndem Mohnsaft versehen, in sein Bett.

Das Fieber stieg, sein Kopf schmerzte ihn, aber in keinem Augenblick wurde die Klarheit seines Bewusstseins getrübt, auch die qualvolle Atemnot seines Vaters blieb ihm erspart. So lag er da und wartete auf das Ende.

In diesen einsamen Stunden aber, als das Haus verlassen und still war, als auch der Lärm des Lebens und Sterbens draußen nicht mehr zu ihm drang, geschah etwas, was er erst nicht begriff und dann für ein wirkliches Wunder hielt: Er merkte, wie mit jeder Stunde sein Wille, am Leben zu bleiben, größer und mächtiger wurde. Er wollte wieder essen und trinken, wieder durch die Stadt laufen und sich um Kranke kümmern, er wollte, wie es der Wunsch seines Vaters gewesen war, nach Italien gehen und dort die Medizin studieren. Er wollte nicht mehr sterben – und er starb nicht. Am dritten oder vierten Tag begann das Fieber zu sinken, nach einer Woche war er gesund. Er stand auf und streifte langsam auf unsicheren, noch von der Krankheit geschwächten Beinen durch das Haus, das ihm nun ganz allein gehörte. Die Tränen stiegen ihm in die Augen, als er einen Blick in das Arbeitszimmer seines Vaters warf; plötzlich wollte ihn die Angst vor der Zukunft überwältigen, aber er zwang sie nieder. Er lebte und er wollte leben!

In der Küche schürte er das Herdfeuer an und wusch sich mit heißem Wasser Schweiß und Schmutz vom Körper. Anschließend bereitete er sich aus den reichlichen Vorräten eine Mahlzeit zu.

Während er aß und trank, überlegte er, ob es wohl die Pest gewesen war, die ihn eine Woche ans Bett gefesselt hatte, oder bloß ein einfaches Fieber. Die Söhne des Stadtschreibers fielen ihm ein. Der eine war nach wenigen Tagen gestorben, der andere in kurzer Zeit wieder gesund gewesen. Beide hatten die Pest gehabt, sein Vater hatte keinen Zweifel daran gelassen. Nur war sie bei dem einen der Brüder eben glimpflich verlaufen. So musste es auch bei ihm gewesen sein.

Sebastian legte die Hände zusammen und schickte ein Dankgebet zu seinem Namenspatron. Doch in seinen Dank mischte sich ein quälender Zweifel. Warum hatte der Heilige ihn bewahrt, nicht aber seinen Vater? Seinen Vater, den Doktor, der nicht nur ein weit besserer Mensch als er selbst, sondern auch ein unermüdlicher Helfer im Kampf gegen das große Sterben gewesen war? Warum hatte Gott das zugelassen? Er grübelte lange darüber nach, aber er fand keine Antwort.

Nach einigen Stunden, die Mahlzeit hatte ihn hinreichend gekräftigt, beschloss er, das Haus zu verlassen. Zu Benjamin, dem jüdischen Arzt, wollte er gehen, der vom Tod seines Freundes wahrscheinlich noch gar nichts wusste, und dann zu den Franziskanern, bei denen er hoffte, sich nützlich machen zu können, um der Einsamkeit seines Hauses zu entkommen.

Als er aus der Tür trat, stieß er fast mit einem Mann zusammen, der ungeniert an der Hauswand sein Wasser abließ. Er fuhr ihn an, doch der Kerl lachte nur blöd, ließ sein Gewand fallen, winkte ihm gar noch zu und wankte davon.
Achselzuckend trat Sebastian auf die Gasse. Ein Betrunkener, nicht weiter bemerkenswert. Er holte tief Luft, wie jemand es tut, der nach langem Aufenthalt im Haus nach draußen kommt. Angeekelt spuckte er aus. Bildete er sich das bloß ein oder war unter dem allgegenwärtigen Gestank nach Feuer und Qualm der Pesthauch zu riechen, von Fäulnis und Eiter, der ihm aus so vielen Krankenstuben entgegengeschlagen war?
Ob Einbildung oder nicht, fast drehte sich ihm der Magen um.

Er ging rasch ins Haus zurück und holte aus der Apotheke seines Vaters ein Büschel Lavendelkraut.

Während er durch die Straßen ging, steckte er immer häufiger seine Nase in die Kräuter, erst nur, um mit dem würzigen Duft den üblen Geruch zu überdecken, dann, weil die Erinnerung an blühende Wiesen, an klares Wasser und reine Luft, die er mit den Blättern und Blüten verband, ihm halfen, das Entsetzen zu dämpfen, das ihn erfasste. Das große Sterben hatte seine Stadt verwandelt, in einen Ort des Irrsinns, an dem nichts mehr so war, wie es zu sein hatte, an dem recht nicht mehr recht und fromm nicht mehr fromm und gut nicht mehr gut war, an dem die Freude zum zynischen Triumph verkommen und die Schönheit zu einer grausigen Fratze verzerrt war.

Mit ungläubigem Staunen, das sich mehr und mehr in verständnisloses Entsetzen wandelte, streifte er durch die Gassen. Von überall her lärmte es, kreischten Frauen-, grölten Männerstimmen, eintöniger Klagegesang mischte sich mit hysterischem Gelächter. Johlte ihm erst eine Horde Betrunkener ein schlüpfriges Trinklied entgegen, erklang zweihundert Schritte weiter der feierliche Ernst eines Chorals, angestimmt von einer Gruppe in Reih und Glied, Männern und Frauen, barfüßig und nur mit einem dünnen Hemd bekleidet.

Vor einem Haus in der Marktgasse lag ein umgestürzter Karren; zwei Krähen hockten flügelschlagend auf dem Speichenrad, das schief von der gebrochenen Achse hing. Als Sebastian näher herantrat, flatterten sie widerwillig und schwerfällig davon.

Obwohl er wusste, wozu solche Karren seit Wochen vor allem dienten, zuckte er doch zusammen, als er die beiden Toten sah, denen das Wüten der Pest sogar die letzte Ruhestätte versagt hatte. Sie waren aus dem hölzernen Verschlag gerutscht und lagen im Staub. Dem einen hatte der Sturz einen Rest von Würde bewahrt, er lag auf dem Bauch, sein Kopf ruhte auf den ausgestreckten Armen; der andere, auf dem Rücken liegend und seine ganze Nacktheit preisgebend, trug im Gesicht schon die Spuren der spitzen Krähenschnäbel.

Sebastian sah in den Karren, ob dort wenigstens eine Decke oder ein Laken zu finden sei, mit dem er die Leichen bedecken könnte, aber da war nichts außer den nackten Planken. Wie sie wohl gestorben waren, wenn niemand auch nur einen Fetzen Tuch für sie hatte erübrigen wollen ... Schaudernd wandte Sebastian sich ab. Er würde die Franziskaner bitten, die Toten zu bestatten, bevor Ratten, Krähen und Hunde sich über sie hermachten. Was mochte sonst mit den Seelen der Unglücklichen geschehen?

Mit beschleunigten Schritten ging er weiter und sah nicht mehr, wie hinter ihm die zwei schwarzen Vögel lautlos heranschwebten und sich auf ihrer Beute niederließen.

Während er sich dem Judenviertel näherte, überlegte er sich, dass er Benjamin bitten wolle, ihn als Gehilfen anzunehmen. Bestimmt war er der beste Arzt der Stadt, einer, der nicht nur bei den gelehrten Ärzten in Salerno*, sondern auch bei denen des fernen Arabien studiert hatte und dessen Können selbst dem des Galenos und des Hippokrates kaum nachstand.

Ob es Sünde war, bei einem Juden in die Lehre zu gehen? Sebastian dachte an seinen Vater. Er konnte sich vorstellen, was er ihm auf eine solche Frage geantwortet hätte: „Einem Hustensaft merkst du nicht an, ob ihn ein Christ oder ein Jud zusammengerührt hat. Ob einer seine Sache versteht und ob er sie zum Besten der Menschen einsetzt, darauf kommt es an!"

Und er hätte ihm geraten: „Geh zu Benjamin, mein Sohn, einen besseren Lehrer kannst du nicht finden!"

Sebastians Augen füllten sich mit Tränen, als er seinen Vater vor sich sah, seinen dickschädeligen Mut, seine Fröhlichkeit, seine Kraft, die scheinbar so unerschöpflich gewesen war, bis der Schwarze Tod ihn binnen eines Tages niedergeworfen hatte.

Er stapfte weiter, vorbei an Haufen von Abfall und Dreck, vorbei an toten und sterbenden Ratten, vorbei an Türen, hinter denen sich Todkranke durch ihre letzten Stunden quälten. Er fand seinen Weg wie von selbst, ohne nach rechts und links zu schauen, und kümmerte sich nicht mehr um die Menschen, die um ihn herumtanzten oder wehklagten, zechten oder beteten, schrien oder lachten.

Als er in ein Quergässchen einbog, fand er plötzlich den Weg versperrt. Eine riesige Tafel war dort aufgebaut, weiß gedeckt, mit silbernen Tellern und kostbaren Gläsern, gebratene Hühner, Weizenbrot, eingelegte Früchte, Kuchen und Pasteten türmten sich darauf, Menschen drängten sich daran, die einen in schmutzigen

Kitteln, andere im bloßen Hemd, auch ein Geistlicher war dabei, der seinen weiten Chormantel um seine und seiner Nachbarin Schulter geworfen hatte.

Handwerker und ein paar Krämer wohnten hier, keine Leute, die von weißem Leinen aßen und silbernes Geschirr besaßen.

Doch Sebastian staunte und fragte nicht mehr, er zwängte sich nur an den Tafelnden vorbei. Plötzlich packte ihn der Geistliche am Arm. „He, Bursche, kenn ich dich nicht?"

Sebastian blinzelte und musterte den Mann genauer. Ja, sie kannten sich. Das da war der kleine Priester, der so viel Angst gehabt hatte, sich anzustecken. Zumindest im Augenblick schien ihn keine Angst zu plagen, denn er lächelte leutselig.

„Setz dich zu uns, Bursche, iss und trink!"

Als er Sebastians abweisendes Gesicht bemerkte, fügte er hinzu: „Los doch, wer weiß, wie lang du noch essen und trinken kannst, bevor dein Fleisch auf dem Pestacker verfault!"

Er hob einen mächtigen Krug, den er mit seinen kleinen Händen kaum umfassen konnte, und setzte ihn an die Lippen. Er trank so gierig, dass ihm der Wein zu den Mundwinkeln herauslief und auf das Tafeltuch tropfte.

Sebastian starrte ihn an, so lange, bis dem Mann unbehaglich zu werden schien. „Was glotzt du?", stieß er hervor. „Weißt du nicht, dass das Ende der Welt gekommen ist?"

Er sprach undeutlich und mit schwerer Zunge; trotzdem sagte Sebastian: „Meint Ihr nicht, dass es Eure Pflicht wäre, barmherzig zu sein und den Kranken beizustehen?"

Der kleine Priester lachte höhnisch. „Was willst du, du Narr? Schau dich um in der Stadt! Ist Gott etwa barmherzig? Wenn Gott nicht barmherzig ist, wieso soll ich dann barmherzig sein? Ich bin doch bloß ein Mensch!"

Er legte der Frau neben sich einen Arm um die Schulter und tastete nach ihrer Brust. „Bloß ein Mensch", wiederholte er dumpf. Er beachtete Sebastian nicht mehr, der sich an den Zechenden vorbeizwängte. Aus welchen toten reichen Mannes Haus mochte das Geschirr stammen? Welcher toten Kaufmannsfrau hatten sie den Schlüsselbund vom Gürtel gestohlen und ihre Speisekammer geplündert?

Nein, diese fürchterliche Seuche konnte keine Strafe Gottes sein, sie war eine Heimsuchung des Teufels, denn sie zerstörte alle menschliche und göttliche Ordnung!

Dann hatte er die Judengasse erreicht. Plötzlich wurde ihm bewusst, wie still es auf einmal war. Nur von fern drang der hysterische Lärm der Stadt noch an sein Ohr, wie durch eine dicke Mauer. Hier war alles still, zu still. Das doppelflügelige Tor, das zum Hof der Synagoge führte, stand nicht wie sonst weit offen, sondern war verriegelt. Kein Mensch war auf der Straße, alle Türen, alle Fensterläden waren geschlossen.

Sebastian trat vor die Tür des Arztes und klopfte. Nichts rührte sich, niemand rief von innen, niemand kam die Stiege herab und öffnete. Von drinnen hörte er ein leises, kratzendes Geräusch; plötzlich hatte er das Gefühl, jemand beobachtete ihn durch einen Spalt. Wieder klopfte er, lauter, heftiger, und wieder wartete er umsonst.

Enttäuscht – denn wie sehr hatte er auf den Trost und den Zuspruch Benjamins gehofft! – wandte er sich zum Gehen. Dabei fiel sein Blick auf die steinerne Schwelle. Dort lag etwas, ein hölzernes Kästchen, zertreten und zersplittert. Er bückte sich und hob es auf: Es war die Mezuza. Das Pergament mit dem Spruch aus dem fünften Buch Moses und dem Namen des Allmächtigen fehlte, entweder war es geschändet worden oder die Bewohner des Hauses hatten es rechtzeitig bewahrt. Als er sich umsah, bemerkte er, dass auch vor anderen Häusern die zertrümmerten Schriftkapseln im Staub lagen.

Er wusste jetzt, dass er klopfen konnte, solange er wollte – niemand würde ihm öffnen. So winkte er nur verzagt zu den Fenstern hinauf, so als wollte er sagen: „Ich komme wieder, wenn die Zeiten ruhiger geworden sind", und ging den Weg langsam zurück, den er gekommen war.

Immer noch herrschte Stille in der Judengasse, während ganz von fern der Lärm der verwirrten Menge herüberbrandete.

Es war wie die Ruhe vor dem Sturm.

Zeit des Umbruchs: die Folgen der Pest

Viele Zeitgenossen glaubten tatsächlich, die Pest sei der Schreckensbote des bevorstehenden Weltendes. Das lag vor allem an der Krankheit selbst, die so unglaublich viele Opfer forderte, an ihrer Unheilbarkeit, am Versagen aller Gegenmittel. Es lag aber auch an den Folgen, die sich daraus ergaben.
Durch die vielen Toten funktionierte die öffentliche Ordnung nicht mehr: Auch Ratsherren, Bürgermeister, Richter und ihre Gehilfen starben, niemand kümmerte sich noch um die Einhaltung der Gesetze und sonstigen Vorschriften.
Unter den Geistlichen war die Zahl der Opfer nicht geringer als unter dem Rest der Bevölkerung, folglich hatten die Priester auch nicht weniger Angst vor der Pest als die anderen. Sie verweigerten den Kranken die Sterbebegleitung und den Hinterbliebenen den Trost. Dadurch sank ihr Ansehen, gerade unter den einfachen Leuten, für lange Zeit.
Die Angst vor Ansteckung wurde im Verlauf des großen Sterbens so übermächtig, dass auch verwandtschaftliche Beziehungen und Freundschaften nichts mehr galten: Erkrankte Ehepartner, Kinder, Eltern, Freunde wurden oftmals einfach ihrem Schicksal überlassen. Nur wenige bewiesen so viel Mut und Charakterstärke wie Sebastian und sein Vater. Sie haben zwar nicht wirklich gelebt, doch es ist überliefert, dass es Menschen wie sie gab, die sich ungeachtet ihrer eigenen Sicherheit für die Kranken einsetzten.

Weil das Leben aller an einem seidenen Faden hing, der jederzeit reißen konnte, galt auch die Moral nichts mehr. Diebstahl, Vergewaltigung, Ehebruch, Betrug waren an der Tagesordnung: Viele Menschen waren nur noch am Vergnügen des Augenblicks interessiert, andere schlugen aus der allgemeinen Not Kapital und bereicherten sich nach Kräften.

Schließlich bewirkte der Schwarze Tod etwas, was für das Mittelalter bis dahin undenkbar war: Nicht wenige Zeitgenossen begannen, an Gott zu zweifeln, an seiner Güte und Allmacht. Daneben aber gab es eine große Anzahl von Menschen, deren Frömmigkeit zunahm, die große Summen für mildtätige Zwecke aufwendeten oder gar ihren ganzen Besitz der Kirche vermachten.

Insgesamt fielen dem großen Sterben – genaue Zahlen lassen sich kaum ermitteln – in diesen drei Jahren 1348–1350 wahrscheinlich zwischen 25 und 35 Prozent der Bevölkerung in Europa zum Opfer, also zwischen 3,5 und 5 Millionen Menschen. Das bedeutete einerseits, dass viele der Überlebenden durch das ererbte Vermögen reich wurden, dass viele Städte, indem sie das Eigentum von Verstor-

Der Tod erwürgt ein Pestopfer. Buchmalerei, 1350

100

benen ohne Erben sowie das ermordeter Juden einzogen, große Reichtümer ansammelten.

Andererseits kam es auf dem Land zunächst zu einer großen Krise. Wegen des Massensterbens besonders in den Städten wurde die Nachfrage nach Lebensmitteln geringer, sodass die Preise sanken. Dadurch gerieten viele Bauern in Not und verließen ihre Dörfer, um in die Städte abzuwandern. Zigtausende Siedlungen mitsamt ihrer landwirtschaftlichen Nutzfläche verfielen.

In den Städten fehlten ausgebildete Handwerker. Das führte zu einem Anstieg der Löhne und zur Stärkung der Zünfte*. Nicht mehr allein die reichen Kaufleute lenkten jetzt die Geschicke der Städte, die selbstbewusster gewordenen Handwerker erkämpften sich Mitbestimmung.

Man kann also sagen, dass die Zeit während und nach der Pest eine Zeit großer Unsicherheit war, in der viele Menschen an der althergebrachten Ordnung zweifelten; diese Unsicherheit wurde noch dadurch verstärkt, dass die Seuche in den folgenden Jahrzehnten immer wieder aufflackerte, wenn auch nicht mehr mit so verheerenden Folgen wie 1348 bis 1350. Gleichzeitig hatte das große Sterben aber auch eine Reihe von Veränderungen zur Folge, zum Beispiel eine steigende Bedeutung der Städte gegenüber dem Land.

Feuersturm

Der Schwarze Tod war von grausamer Gerechtigkeit, er machte keinen Unterschied zwischen Christen und Juden. Auch in der Judengemeinde wütete er und es gab kaum eine Familie, die nicht um einen oder mehrere der ihren getrauert hätte. So waren die Pöbeleien und Steinwürfe einiger rauflustiger Gojim[5] nur ein kleines Ungemach unter weit größeren; es musste doch nicht gleich zum Schlimmsten kommen. Das allgemeine Unglück machte den Gojim Angst und nahm ihnen den Halt, aber sie würden sich schon wieder beruhigen.

So dachten viele, mochten auch einige Erfahrene wie der alte Benjamin warnen und zur Vorsicht mahnen.

Als die Anschläge sich häuften, als hier und dort die Mezuza von den Häusern gerissen wurde, beschränkte man sich darauf, Türen und Läden fest zu verrammeln. Was hätte man sonst auch tun sollen? Und war nicht der Verlust geliebter Menschen unendlich schmerzhafter als das Bewusstsein, wieder einmal den Hass einiger Rüpel auf sich gezogen zu haben? Shadday, der Allmächtige, würde schließlich alles zum Guten wenden. Benjamin war ein vortrefflicher Arzt, gewiss, aber auch ein unverbesserlicher Schwarzseher.

[5] Goj – *Plural Gojim, jüdische Bezeichnung für die Christen*

Kein Bürger der Stadt hätte später sagen können, wer als Erster die Parole gebrüllt hatte oder als Erster Schwert und Fackel schwingend losgestürmt war: Erst waren es nur einige wenige, dann ein paar Dutzend, schließlich Hunderte, eine tobende, unberechenbare Menge, die nur eines im Sinn hatte: Vergeltung zu üben durch Morden, Brennen und Plündern.

Der Schwarze Tod war es, der sie in bittere Trauer und grässliche Angst versetzt, ihnen den Glauben an die Güte Gottes genommen hatte. Aber den Schwarzen Tod konnten sie nicht packen, sie konnten sich an ihm nicht schadlos halten für ihre Verluste, ihn nicht foltern und töten für die Qualen, die sie hatten erdulden müssen.

Doch da gab es andere, die waren kein unsichtbarer todbringender Hauch, kein allgegenwärtiger böser Geist, der sich jeder Vergeltung entzog. Diese anderen waren wirklich und greifbar, sie bluteten, wenn man sie niederstach, und ihre Häuser brannten. Waren sie nicht anders als man selbst, Ungläubige mit seltsamen, ja abscheulichen Gewohnheiten? Töteten sie nicht neugeborene Christen, um ihr Blut zu opfern?

Da gab es kaum jemanden, der zweifelte, wenn ihm jemand zuschrie: „Sie sind es, die die Pest über uns gebracht haben, sie, die verfluchten Ungläubigen, die Juden!"

Als die wütende Menge den Marktplatz überschwemmte, fing man einen von ihnen, einen, der verrückt genug war, sich mit seinem spitzen Judenhut auf die Straße zu trauen. Man schlug so lange mit Knüppeln auf ihn ein, bis er gestand: Ja, er und seine Glaubensbrüder hätten die Brunnen vergiftet und so die Pest über die Stadt gebracht.

Brauchte man noch mehr Beweise? Rasend vor Wut und Mordlust schob sich die Menge weiter, auf das Judenviertel zu.

Sebastian lauschte. Auf dem Weg zum Kloster der Franziskaner hatte er sich der Stadtmauer und dem Südtor genähert. Niemand bewachte es mehr, vielleicht lagen die Wachen längst bei den namenlosen Toten auf dem Pestacker, vielleicht ertränkten sie irgendwo in der Stadt ihre Angst in Branntwein, wer konnte das wissen.

Nicht weit vor dem Tor erklangen Stimmen, nicht das ungezügelte Schreien und Kichern der Feiernden, das er vorhin vernommen hatte, sondern ein weithin schallendes Rufen, eintönig und bedrohlich zugleich, obgleich die Wörter, die er hörte, nichts weniger als bedrohlich waren: „Herr, erbarme dich! Christus, errette unsere Seelen!" Die Lautstärke, der Gleichklang, der seltsam stampfende Rhythmus waren es, die ihn erschreckten.

Näher und näher kamen die Rufenden. Sebastian verbarg sich hinter einem Mauervorsprung und sah ihnen zu, wie sie das Tor passierten.

Es waren ausnahmslos Männer, mehrere Dutzend mochten es sein, allesamt in dünnen, fleckigen, zerfetzten Hemden. Sie liefen im Gleichschritt und sie riefen ihr „Herr, erbarme dich!" wie mit einer einzigen Stimme. Nur ihre Arme bewegten sie unterschiedlich, hastig und ruckartig die einen, mit weit aus-

holendem Schwung die anderen. Sie alle hielten Geißeln in Händen, in deren lederne Riemen eiserne Nägel und Krampen eingeknotet waren. Damit schlugen sie sich und Sebastian sah, dass die Flecken auf ihren Hemden braun von geronnenem und rot von frischem Blut waren.

Wer waren die Männer? Pilger auf einer Wallfahrt? Noch nie hatte Sebastian gesehen, dass Pilger sich selbst so grausam misshandelten.

Als sie das Tor durchschritten hatten, blieben sie stehen und hörten auf, sich zu schlagen. Einer gab ein Zeichen und sie stimmten ein Lied an:

„Jesus Christus wurd gefangen
und dann an das Kreuz gehangen,
das Kreuz von seinem Blute rot.
Bewein sein Leiden und sein' Tod!"

Nach der ersten Strophe bewegten sie ihre Füße stampfend im Rhythmus des Liedes, setzten sich langsam wieder in Bewegung und marschierten singend in die Stadt hinein.

„Sünder, wie willst du mir lohnen
die Nägel und die Dornenkrone,
das Kreuz, die Peitsch', den Lanzenstich?
Sünder, das litt ich durch dich,
du wirst leiden nun durch mich!

Was bist du von mir abgefalln?
Der Schwarze Tod hält dich in Kralln!
Auch wenn du fliehst, er wird dich fassen
und dich schon bald verderben lassen!"

Sebastian folgte den Männern und verstand jedes Wort. Bußgänger waren das, die Gott verzweifelt anflehten, die blutige Sühne für ihre Sünden anzunehmen und sie vom Fluch der Pest zu befreien. Sie hatten Angst wie all die anderen, die feierten, hurten, sich betranken, sich verkrochen oder vor den Altären knieten und beteten. Sie boten ihr Blut, um ihr Leben zu retten, sie wählten den Schmerz, um ihre Angst zu lindern.

„Oh Herr, wir schrein mit lautem Ton:
Nimm unsern Dienst als Deinen Lohn,
behüt uns vor dem Höllentod,
so bitten wir in unsrer Not!
Für Dich ist unser Blut geflossen,
so wie Du Deines hast vergossen!"

Als die letzte Strophe verklungen war, schwiegen die Männer kurz, dann nahmen sie ihren eintönigen Sprechchor wieder auf: „Herr, erbarme dich! Christus, rette unsere Seelen!", und begannen erneut, sich zu geißeln, dass das Blut spritzte.

Bis kurz vor den Marktplatz marschierten sie, dann wurde ihr „Herr, erbarme dich" übertönt von einem vielstimmigen Geschrei aus Hunderten Kehlen, kaum dass einzelne Wörter verständlich waren. „Mörder! Blutrünstige Hunde", glaubte Sebastian zu hören.

Wie auf Kommando lösten die Männer ihre Formation auf und mischten sich unter die Menge, die jetzt unaufhaltsam wie ein zäher Lavastrom vorwärtsdrängte.

Sebastian blieb zurück, um nicht mitgerissen zu werden. Erst als der Marktplatz sich geleert hatte, folgte er nach. Neben dem Brunnen sah er etwas liegen, ein blutiges Bündel, zerschmettert und zertrampelt. Er beugte sich darüber und wandte sich schaudernd ab – da konnte kein Leben mehr sein. Neben der

Leiche lag ein spitzer Hut, ein Judenhut. Er deckte ihn über das zerschlagene Gesicht, ohne noch einmal hinzusehen. Wut und Angst rangen in ihm um die Oberhand und so folgte er der Menge nach, mit trockenem Mund und klopfendem Herzen, außerstande, ihr den Rücken zu kehren, aber unfähig, etwas zu tun.

Die Menge hatte das Judenviertel erreicht. Das erste Tor widerstand den Tritten, den Schlägen mit Stöcken und Schwertern nicht lang. Als es zerbarst, versperrten zwei Männer den Weg, mit Dolchen in den Händen, bereit, ihre Familien und ihr Eigentum zu verteidigen. Sie konnten kaum ausholen, da waren sie schon niedergemacht.
Ein paar kräftige Burschen sprangen ins Innere, Gier in den Augen. Die Schreie von Frauen waren zu hören, die Männer kamen zurück, mit Beute beladen. Wenig später schlugen die Flammen aus den hölzernen Gauben. Das nächste Haus, das übernächste, das Tor zur Synagoge! Die Menge raste.
Frauen und Männer, Kinder stürzten aus den Häusern auf die Straße, manche mit Messern oder Schwertern, manche nur mit Knüppeln oder Ofengabeln bewehrt, um sich den Mördern in den Weg zu stellen. Sie alle wurden niedergemetzelt und starben unter den Füßen der Meute. Nur vor der Synagoge hielt sich eine entschlossene Schar, besser bewaffnet als die anderen, unter ihnen der alte Benjamin.
Sie standen mit dem Rücken an der massiven Mauer, die den Hof der Synagoge umgab. So war es nicht leicht, an sie heranzukommen. Sie wussten, dass die, die gestern noch ihre Nachbarn gewesen waren, nun keine Gnade kennen würden, daher kämpften sie mit dem Mut der Verzweiflung, schlugen, hackten und stachen nach ihren Gegnern, bis ihre Todesangst und ihr unbändiger Wille zu überleben in einen Blutrausch mündete: Christenblut für Judenblut!

Sebastian hatte das Judenviertel erreicht. Vier, fünf Anwesen brannten jetzt, der beißende Rauch, der aus dem Fachwerk quoll, während die Flammen um die Balken züngelten, trieb ihm die Tränen in die Augen. Ein paar Schritte vor ihm verfolgte ein Mann mit erhobenem Spieß eine schreiende Frau, die ein Bündel an sich gepresst hielt. Er holte sie ein, zwei schnelle Stöße und sie sank zusammen, noch im Sterben das Bündel umklammernd. Der Mörder hob erneut die Waffe.

„Nein!" Sebastian brüllte und sprang. Er prallte auf den Mann in dem Moment, als der Speer sich tief in das Bündel senkte, das eben noch ein lebendiges Kind gewesen war, und warf ihn zu Boden.

Die Angst war vergessen. Außer sich vor Wut und Entsetzen packte er den Schlächter bei der Kehle und drückte zu, mit aller Kraft, spürte nicht die Schläge, die der andere ihm versetzte, als die beginnende Atemnot ihn in Todesangst versetzte, drückte weiter zu, unerbittlich, bis der Körper unter ihm schlaff wurde.

Nur kurz durchzuckte ihn ein Gefühl der Befriedigung, dann löste er entsetzt den Griff seiner Hände. Was hatte er getan? Er starrte auf den leblosen Mann, der das tote Kind halb unter sich begraben hatte. War er besser als der? Hatte nicht auch er einen Augenblick lang wilde Freude empfunden, als er die Macht besaß, ein Leben auszulöschen?

Langsam richtete er sich auf und schüttelte benommen den Kopf, als ob er nicht glauben könnte, was er sah. Im wirbelnden Rauch liefen die Mörder hin und her, suchend, ob jemand ihnen entgangen wäre. Reglose Körper lagen überall im Dreck; einen bemerkte Sebastian, in dem noch ein Rest Leben war. Zoll für Zoll kroch er durch den Staub, wie eine Maus, die von den Krallen der Katze schon getroffen ist und nicht weiß, dass sie nur ein todgeweihtes Spielzeug ist. Schon war einer hinter ihm, ein rascher Schwerthieb zerschlug Hoffnung und Leben. Aus einem zerrissenen Mantel, wie ein Bündel geknotet, schimmerte silbernes Geschirr und legte Zeugnis ab davon, dass einer mehr gestohlen hatte, als er tragen konnte.

An der Mauer der Synagoge standen noch ein paar Juden und wehrten sich gegen die Übermacht, die auf sie eindrängte. Es war schwer, ihnen beizukommen, denn man konnte ihnen nicht in den Rücken fallen. Einer von ihnen, der die anderen um einen halben Kopf überragte, ein Alter mit weißem Bart, dem der Kaftan in Fetzen vom Leib hing, schlug einem Burschen, der mit erhobenem Messer auf ihn eindrang, einen schweren Knüppel über den Kopf. Lautlos brach der Angreifer zusammen, die Menge heulte vor Wut.

Benjamin! Benjamin lebte noch! Sebastian schüttelte die lähmende Benommenheit ab und stürzte auf die Kämpfenden zu.

„Hört auf!", schrie er, „hört auf, ihr Verfluchten!"

Er sah nicht, wie einer einen Stein aufhob, einen faustgroßen Kiesel, und ihn gegen den jüdischen Arzt schleuderte, wohl aber sah er, wie der Alte getroffen wurde und stürzte wie vom Blitz gefällt.

„Benjamin!" Sebastian lief auf den Alten zu, stieß Männer beiseite, die johlend auf ihn eindrangen, um ihm den Rest zu geben, und kniete sich schützend vor ihn. Womit konnte er den Wahnsinn der Menge bändigen? Wisst ihr nicht, wollte er schreien, wisst ihr nicht, dass er der Einzige ist, der euch beistehen kann gegen den Schwarzen Tod?

Doch er hatte kaum den Mund geöffnet, da traf ihn ein fürchterlicher Hieb, der seine Stimme lähmte und ihm das Bewusstsein raubte.

So wurde er nicht mehr Zeuge, wie auch die letzten noch lebenden Juden niedergemacht und ihrer Habe beraubt, wie Synagoge und Heiligtümer geschändet wurden, wie betrunkene Männer in die Mikwe pissten und hohnlachten, dass sie nun quitt seien, was das Vergiften der Brunnen beträfe.

Er sah nicht, wie die Männer des Pilgerzugs sich wieder zusammenfanden zu Gleichschritt und Gesang und wie sie die Geißeln wieder gegen sich selbst erhoben.

Er merkte nichts davon, wie der Blutrausch der Menge endlich gestillt war und sie sich zerstreute, wie jeder heimkehrte zu seinen Ängsten und mancher vielleicht schon am gleichen Abend schreiend vor Schmerzen die Beulen des Schwarzen Todes in seinen Leisten betastete.

Als es dämmerte, war die Judengasse verlassen, nur die Toten lagen noch dort. Es hatte einen heftigen Regenguss gegeben, man musste dankbar sein dafür, so waren die Feuer gelöscht und konnten nicht auf die Häuser der Christen übergreifen.

113

Zwei Minderbrüder in braunen Kutten gingen durch die Gasse, mit schleppenden Schritten, und betrachteten mit ungläubigem Entsetzen, was der rasende Mob angerichtet hatte.

„Wir hätten sie davon abhalten müssen", sagte der ältere der beiden und fuhr sich mit müder Geste über die Stirn.

„Wir?", echote der andere ungläubig. „Wir? Kannst du mir auch sagen, wie? Viele haben sich von Gott abgewandt und verhöhnen unsere Ermahnungen. Andere gehen zwar noch in die Kirche, aber nur, um in schriller Angst zu beten, dass Gott sie vor der Pest verschonen möge. Wie hätten wir sie abhalten sollen? Niemand hört mehr auf uns, Bruder."

„Trotzdem", beharrte der Ältere, „wir hätten es versuchen müssen, das wäre unsere Pflicht gewesen. So viele unschuldige Menschen sind gestorben ..."

„Waren sie denn wirklich unschuldig? Kann es nicht sein, dass die Juden das Brunnenwasser tatsächlich vergiftet haben?"

„Rede keinen Unsinn, Bruder", fuhr der Ältere auf. „Sind sie nicht selbst reihenweise an der Pest gestorben? Glaubst du etwa, sie hätten sich selbst vergiftet?"

Der andere schwieg kleinlaut.

„Nicht Christen und nicht Juden sind die Verursacher der Pest", fuhr sein Mitbruder fort. „Auch glaube ich nicht, dass Gott den Schwarzen Tod als Strafe über uns geschickt hat. Der Schwarze Tod ist ein Werk des Teufels, denn nur der Teufel kann wollen, dass Gott gelästert, dass die göttliche Ordnung so missachtet wird, wie sie hier missachtet wurde." Er deutete auf die

Leichname, die Frauen, Männer und Kinder, die die rasende Menge hinterlassen hatte. „Kann man Gott entsetzlicher lästern, als wenn man sein Gebot missachtet: Du sollst nicht töten?"
Der Jüngere wollte etwas dagegen sagen, aber der Blick auf die Toten ringsum ließ ihn verstummen.
Unterdessen waren sie an der Mauer der Synagoge angelangt. Einige Männer saßen davor, die Rücken an die Steine gelehnt, von ferne sah es aus, als ob sie von schwerer Arbeit ausruhten. Nur wer an sie herantrat, bemerkte die Wunden voll geronnenen Blutes und die gebrochenen Augen. „Sie haben Benjamin ermordet", flüsterte der ältere der Minderbrüder und wies auf den alten weißbärtigen Arzt, der mit eingeschlagenem Schädel neben den anderen lehnte. „Warum? Hat er nicht Christen und Juden beigestanden, wenn die Pest sie in ihren Krallen hatte? Hat er nicht jedem geholfen, der ihn rief?"
Er blieb vor dem Alten stehen. „Auch wenn sie keine Christen sind, wir müssen sie alle ... was hast du?"
Sein Mitbruder hatte einen leisen Schrei ausgestoßen. „Da! In dem da ist noch Leben!"
Zu Füßen Benjamins lag ein Mann, das Gesicht im Schmutz der Gasse, und stöhnte leise. Seine Glieder zuckten.
Die Mönche knieten nieder, drehten ihn behutsam um und wischten ihm mit einem Tuch das Gesicht sauber. Dabei sahen sie, dass der Mann fast noch ein Junge war. „Wir kennen ihn", rief der jüngere plötzlich. „Siehst du nicht? Er war doch oft genug bei uns! Der Sohn unseres Doktors!"

Der andere nickte und tastete den Kopf des Verwundeten vorsichtig ab. „Er hat eine sehr schwere Kopfverletzung. Aber vielleicht hat Gott beschlossen, dass er noch nicht sterben soll. Komm, wir nehmen ihn mit! Um die Toten kümmern wir uns morgen." Er half dem jüngeren, sich den Verletzten über die Schulter zu legen, dann machten sie sich auf den Rückweg ins Kloster.

Zurück blieben die Toten auf der Straße, ihre zertrümmerte Habe, ihre zerstörten Heiligtümer. Ein Wind kam auf und wirbelte schwarze Ascheflocken über sie hin und es war, als hätte der Schwarze Tod jetzt einen vollkommenen Sieg errungen.

Im Schatten des Schwarzen Todes: Geißlerzüge und Judenmord

Fanatismus aus Angst? Die Geißlerzüge

Schon seit dem frühen Mittelalter hatte es vereinzelt fanatische Gläubige gegeben, die sich selbst blutig schlugen (geißelten). Sie wollten die Qualen Christi am eigenen Leib wiederholen, um dadurch für die Sünden der Menschheit Buße zu tun und Gott gnädig zu stimmen. In der Zeit des großen Sterbens wurde aus dem Geißlertum eine Massenbewegung. Die kaum erträgliche Angst vor

Geißler zu Doornik. Buchmalerei, 1349

dem Schwarzen Tod und dem Weltende, das die Pest nach Ansicht vieler Zeitgenossen einleitete, trieb Tausende, vor allem Männer, in einen hysterischen Glaubenseifer: Vielleicht war so das große Sterben, war die Katastrophe des Weltuntergangs noch aufzuhalten, vielleicht waren wenigstens die Seelen der Menschen noch zu retten.
Ein paar Dutzend bis zu mehreren Hundert umfasste die Zahl der Männer, die sich einen Führer wählten, dem sie bedingungslos gehorchten, und sich zu einem Zug zusammenschlossen. Sie nähten sich Kreuze auf ihre Kleider und gelobten, für die Dauer der Fahrt auf jeden Komfort zu verzichten, also nicht zu baden, sich nicht zu rasieren, nicht in einem Bett zu schlafen, außerdem keine Frau zu berühren, nicht einmal mit einer zu sprechen. Jeder führte eine Geißel mit sich, einen kurzen Stab, an dem mehrere Lederriemen mit eingeknoteten Nägeln befestigt waren. Singend zogen sie durch die Lande, versammelten sich auf den Märkten der Städte und schlugen sich mit ihren Nagelpeitschen, bis sie blutüberströmt waren. Weil sie sich als Vermittler zwischen den Menschen und Gott betrachteten, Gottesdienste störten und sogar Kirchen plünderten, gerieten sie mit der Obrigkeit in Konflikt. Schließlich blieben ihnen viele Stadttore verschlossen, Geißler wurden angeklagt und hingerichtet, die Züge lösten sich auf. Schon nach einigen Jahren war das gespenstische Bild der hysterisch singenden, schreienden und betenden, blutüberströmten Männer von den Straßen verschwunden.
Die Geißler waren bemitleidenswerte Menschen, die ihre

Höllenangst durch Selbstquälerei bekämpfen wollten. Sie waren aber auch gefährlich und gewalttätig, was vor allem die jüdischen Bewohner der Städte zu spüren bekamen. Denn die Geißler hetzten in ihren fanatischen Predigten gegen die Juden, verbreiteten das Zerrbild von den Mördern Christi und den Brunnenvergiftern und veranlassten dadurch nicht selten erst die blutigen Verfolgungen, an denen sie sich mit großem Eifer beteiligten.

Mord aus Angst? Die Judenpogrome

Wenn man vom Völkermord der Nationalsozialisten an den Juden während des Zweiten Weltkriegs absieht, waren die Judenverfolgungen der Jahre 1348 bis 1350 die schlimmsten in der europäischen Geschichte.

Die Judenfeindlichkeit der Christen ist fast so alt wie die christliche Kirche selbst. Die Juden weigerten sich, Christus als den Erlöser anzuerkennen, und lehnten das Neue Testament ab. Bereits die Kirchenväter* bezeichneten sie als Christusmörder und Ungläubige. Doch zu Verfolgungen in großem Stil kam es erst zur Zeit der ersten Kreuzzüge. Die fanatisierten Waffenpilger erschlugen vielerorts die Juden als „Ungläubige im eigenen Land".

Im 13. Jahrhundert wurden sie schrittweise entrechtet: 1205 erklärte der damalige Papst sie zu „Sklaven der Kirche", 1215 verfügte er, dass sie ein besonderes Abzeichen zu tragen hätten (meist einen gelben Stoffflicken, später mussten sie in manchen Gegenden auch einen trichterförmigen Hut tragen). 1240 erklärte der König von Frankreich den Talmud*, das jüdische Gesetz, als ketzerisch. Von vielen Handwerksberufen wurden die Juden ausgeschlossen, sie durften keine Christen heiraten, keine christlichen Diener einstellen und kein Land besitzen. So betrieben die Wohlhabenderen unter ihnen das Gewerbe des Geldverleihens, das wiederum den Christen offiziell verboten war. Das führte dazu, dass alle Juden unterschiedslos als ruchlose Wucherer galten.

Sederfeier einer jüdischen Familie. Jüdische Buchmalerei, 14. Jahrhundert

Im 12. und 13. Jahrhundert wurde der absurde Aberglaube verbreitet, die Juden würden in ihren Gottesdiensten Christenblut trinken und Hostien schänden; schlichte Gemüter waren zu allen Zeiten nur zu leicht bereit, solchen Hirngespinsten Glauben zu schenken, um eine Erklärung für unerklärliche Katastrophen zu haben – und einen Schuldigen.

So fiel auch das verhängnisvolle Gerücht von den „Brunnenvergiftern" auf fruchtbaren Boden. Zum ersten Mal wurde es von den Tataren auf der Krim in Umlauf gesetzt, als sie von der Pest heimgesucht wurden – und zwar beschuldigten sie die Christen, die dort eine Handelsniederlassung hatten.

Wenig später wurden die Juden in Südfrankreich der Brunnenvergiftung bezichtigt, als dort die Pest ausbrach, und brutal verfolgt. Das aberwitzige Gerücht, dessen Haltlosigkeit die Menschen schon deshalb hätten erkennen müssen, weil die Juden genauso an der Pest starben wie die Christen, eilte der Seuche voraus – mit schrecklichen Folgen. In Städten wie Genf, Memmingen, Augsburg, Speyer, Mainz, Ulm, Straßburg, Nürnberg, Würzburg und vielen anderen wurden Tausende von Juden niedergemetzelt; es dauerte Generationen, bis es überhaupt wieder nennenswertes jüdisches Leben in Deutschland gab.

Es ist nicht ganz leicht, die Ursachen für die Pogrome* gültig zu erklären, denn eigentlich waren die meisten Menschen der Überzeugung, die Pest wäre als Strafe Gottes über sie gekommen. Dennoch akzeptierten sie bereitwillig die Juden als Sündenböcke. Die Todesangst, die in den

Zeiten der Pest den Alltag bestimmte, ist sicherlich eine Ursache: Da ist jemand noch schwächer als man selbst, das Gefühl der Macht hilft, die eigenen Ängste vorübergehend zu verdrängen. Die Hetzpredigten fanatischer Geißlerführer und eifernder Geistlicher trugen ferner dazu bei, die Bevölkerung aufzuwiegeln. Bei vielen dürfte es auch die nackte Gier nach Beute gewesen sein, die alle Hemmungen beseitigt hat. Bei manchen Angehörigen der Oberschicht, die das Morden gebilligt oder sich gar daran beteiligt hatten, spielte sicher auch eine Rolle, dass auf diese Weise die Schuldscheine bei jüdischen Geldverleihern getilgt wurden: Tote treiben keine Schulden ein.

Verbrennung von Juden. Holzschnitt, 1493

Totentanz

Auf den milden Herbst folgte ein früher Winter, tagelang fauchte eisiger Nordwind durch die Gassen und Straßen. Da endlich schien es, als ob der unersättliche Schwarze Tod nun des Tötens überdrüssig wäre und die Stadt aus seinen vergifteten Krallen gelassen hätte. Kaum jemand erkrankte mehr, mit jedem Tag mussten weniger Pesttote vor die Mauern geschafft werden und schließlich ließ der Rat verkünden, dank der Gnade Gottes und seiner Heiligen sei die Stadt nunmehr von der entsetzlichen Plage der Pest befreit.

Allmählich fiel die Verzweiflung, die sie in dumpfe Ergebung, in hysterische Fröhlichkeit oder rasende Mordlust getrieben hatte, von den Menschen ab.

So groß war die Erleichterung über das Ende der Seuche, dass viele bereit waren, die Schuld für die Katastrophe bei sich selbst zu suchen: Gott hatte die Krankheit über die Menschheit geschickt, um sie für ihre Sündhaftigkeit zu strafen – jetzt hieß es, Buße tun.

Die Kirchen füllten sich mehrmals am Tag. Von den Kanzeln wetterten die Prediger gegen Wollust, Geiz, Völlerei und Trägheit im Glauben.

„Bedenkt, ihr Sünder", so riefen sie, „was der Apostel Petrus euch sagt: ‚Denn alles Fleisch, es ist wie Gras, und alle Herrlichkeit des Menschen ist wie des Grases Blumen. Das Gras ist verdorrt und die Blume abgefallen.' So werdet ihr verdorren und eure Werke werden vergessen sein, aber die Strafe für eure Sünden wird ewig währen, wenn ihr nicht bereut. Begreift, was Gott euch gelehrt hat durch die Heimsuchung der vergangenen Monate: In jedem Augenblick könnt ihr sterben. Seid vorbereitet und tut Buße!"

Da war keiner, der nicht aufmerksam lauschte, seine Sünden aus tiefstem Herzen bereute und bereitwillig die auferlegte Buße leistete. Nicht wenige nahmen sogar die Mühen einer Wallfahrt nach Rom auf sich, um dadurch aller Sünden ledig zu werden, und wem das zu viel war, der stiftete zumindest Messen zum Heil seiner Seele.

An die erschlagenen Mitbewohner in der Judengasse dachte über all der tätigen Reue kaum jemand. Mit der Pest waren eben auch die Ungläubigen aus der Stadt verschwunden und das war gut so, fanden die meisten. Manch einer, der reiche Beute gemacht hatte an jenem Tag, spendete einen Teil davon für die Armen und fühlte sich dabei in der Gnade des Herrn. So gab es für lange Zeit keine Juden mehr in der Stadt, und als wieder ein paar sich niederließen, Jahre später, da hielten sie sich von den Christen fern und blieben scheu und fremd.

Sebastian hatte nicht gespürt, wie die Minderbrüder seine schwere Wunde versorgt und ihn vorsichtig auf ein bequemes Lager gebettet hatten: Lange lag er in tiefer Bewusstlosigkeit und die Mönche fürchteten um sein Leben. Erst nach vier Tagen schlug er die Augen auf, schluckte mühsam ein bisschen Wasser, das man ihm einflößte, und sank sofort wieder in Schlaf. Die nächste Zeit verbrachte er in einem seltsamen Schwebezustand zwischen Träumen und Wachen. Manchmal schienen ihm die weiß gekalkten Wände seines Krankenzimmers überglänzt von den Strahlen eines rätselhaften Lichts, dessen Herkunft er nicht ergründen konnte, das ihn aber wärmte und ihm die Schmerzen nahm. In solchen Augenblicken trug das Gesicht des Bruders, der sich über ihn beugte und ihm den Schweiß von der Stirn wusch, denselben Ausdruck, den er im Antlitz des von Pfeilen durchbohrten Sebastian gesehen hatte.

Immer wieder aber schwand das Licht, nur die rote Glut eines verlöschenden Feuers durchdrang das Dunkel und über seinem Bett wuchs das Bild des Schwarzen Todes empor: ein Gerippe mit wehendem Umhang,

die fleischlosen Kiefer zu breitem Lächeln gebleckt, die knochigen, krallenbewehrten Hände gegen ihn ausgestreckt. Dann sah er sich selbst wie in einem Spiegel, aus dem ihm aber nicht sein eigenes Gesicht entgegenblickte, sondern das bleiche seines Vaters oder das blutüberströmte Benjamins. In solchen Momenten schreckte er auf und schrie, bis ein Minderbruder kam und ihm einen Trank einflößte, der die Bilder des Schreckens auflöste und ihn wieder schlafen ließ.

Nach zwei Wochen endlich wichen Träume und Fieber, und nachdem er einige Tage regelmäßig gegessen und getrunken hatte, erlaubte ihm sein Pfleger aufzustehen.

Eine Weile lebte er dann bei den Mönchen, aß und betete mit ihnen und half ihnen, so weit es seine noch schwachen Kräfte erlaubten. Als er sich ganz gesund fühlte und die Schatten der vergangenen Monate, die seine Seele verdüstert hatten, endlich gewichen waren, suchte er den Prior* auf.

„Ich bin wieder gesund, ehrwürdiger Prior",

begann er. „Ich möchte Euch
danken für all Eure Fürsorge und Euch sagen,
dass ich Euch ab jetzt nicht mehr zur Last fallen werde."
„Du willst uns verlassen?", fragte der Mönch. „Warum? Deine Eltern sind tot, dein Vaterhaus steht leer. Willst du nicht bei uns bleiben? Deine Bewährungsprobe hast du schon mehr als einmal bestanden. Du könntest in unseren Orden eintreten und dein Leben Gott und den Armen und Kranken unter deinen Nächsten widmen ..."
Sebastian hatte während der vergangenen Wochen Zeit genug

gehabt, über die Zukunft nachzudenken, und so kam seine Antwort rasch und entschieden.

„Nein, ehrwürdiger Prior. Verzeiht mir, wenn ich Euer Angebot ablehne. Ich will das werden, was mein Vater war, und nichts sonst: ein Arzt. Von unserem Besitz werde ich verkaufen, was ich brauche, um nach Salerno zu gehen und bei den berühmtesten Meistern des Fachs zu studieren. Mit Gottes Hilfe werde ich in einigen Jahren als gelehrter Arzt zu Euch zurückkehren."

„Wenn du es so willst", lächelte der Prior, „soll es so sein." Er geleitete ihn vor das Tor und deutete auf die Kirchenwand. „Schau, das Werk, das ich in Auftrag gegeben habe, ist schon fast fertig."

Vor einiger Zeit war ein Maler mit seinen Gehilfen gekommen und hatte die Wand mit Kalk beworfen. Auf dem feuchten Putz hatte er dann in dunkel glühenden Farben ein Bild gemalt, das sich fast über die ganze Seitenwand der Kirche hinzog. Männer und Frauen sah man da, Fürsten und Bettler, Bischöfe und Bauern, Mönche und Nonnen, Kaufleute und Handwerker, Alte und Junge. Vor jedem aber tanzte, mit klaffend grinsenden Kiefern, die Arme herrisch gebreitet, der Tod, um ihn unerbittlich zum letzten Reigen zu führen.

Nachdenklich standen der alte und der junge Mann davor. „Ich habe es machen lassen", sagte der Prior schließlich, „zum Gedenken an das große Sterben und damit wir nie vergessen, was wir sind: ein Hauch nur vor Gott, ein Nichts. Wir raffen zusammen und wissen nicht, wer es kriegen wird, wir machen viel Aufhebens um unser Leben und am Ende tanzt doch der Tod mit uns, bis unser Fleisch verdorrt und unser Andenken verweht ist. Allein in Gott ist unsere Hoffnung."

Sebastian schwieg.

Nicht weit von ihm huschte eine Ratte zum aufgedunsenen Körper einer toten Katze.

Ihn fröstelte. Plötzlich war er sicher, dass der Schwarze Tod zurückkommen würde.

Lasst ab von dem übermütigen Tun
*Kunst und Literatur in der Zeit
nach dem großen Sterben*

Die Schrecken des Schwarzen Todes hatten großen Einfluss auf die Kunst und die Literatur. Viele Maler setzten sich mit der Krankheit auseinander, zeigten die Leiden der Heiligen Sebastian und Rochus in ihren Bildern. In zahlreichen Fresken* wurde der allgegenwärtige Tod abgebildet. Eines der berühmtesten Werke der Weltliteratur ist ebenfalls unter dem Eindruck der Pest in Florenz entstanden, Das *Decamerone* (aus dem Griechischen, „zehn Tage") des Giovanni Boccaccio (1313–1375): Eine Gruppe von zehn adeligen jungen Leuten flieht vor der Pest auf ein Landgut, wo sie sich für zehn Tage die Zeit mit dem Erzählen von je zehn Geschichten vertreibt, die den Kern des Werkes bilden. Zu Beginn schildert Boccaccio die Schrecken des Schwarzen Todes mit großer Eindringlichkeit und liefert damit ein glaubhaftes Zeugnis für die Verhältnisse, die in der Zeit des Massensterbens herrschten.

Im Jahrhundert nach der Pest entstand eine ganz neue Art der Literatur, die sowohl den Schrecken wie die Allgegen-

Tod und Kaplan

wart des Todes zum Inhalt hat: der Totentanz. Diesen illustrierten Dichtungen diente häufig ein Fresko an einer Kirchen- oder Friedhofsmauer als Vorbild, das den Totentanz abbildete: Papst, Bischöfe, Kaiser, Könige, Grafen, Kaufleute, Handwerker, Bauern, Bettler, Männer, Frauen, Greise, Kinder, Menschen allen Standes sind dort zu sehen; neben ihnen allen tanzt der Tod, bereit, sie in jedem Augenblick abzuberufen:

„Frau Königin, Eure Freud' ist aus,
springt mir nach ins Totenhaus.
Euch hilft nicht Schönheit, Gold noch Geld,
ich spring mit Euch in jene Welt."
(Aus dem Basler Totentanz)

Dass der Mensch den Tod nach der Zeit des großen Sterbens nicht mehr gottergeben hinnahm, sondern mit ihm haderte, belegt das erschütternde Werk des böhmischen Dichters Johannes von Tepl (um 1350–1415), *Der Ackermann und der Tod,* das er um 1400 verfasste: Es handelt sich um eine Art Prozess zwischen einem Bauern als Ankläger und dem Tod als Angeklagten, der ihm seine über alles geliebte Frau genommen hat – ein Schick-

Tod und Kaufmann

sal, das in den Zeiten der Pest täglich tausendfach vorkam. „Grimmiger Vertilger aller Völker", ruft der Leidtragende dem Tod zu, „schadenbringender Verfolger aller Menschen, furchtbarer Mörder aller guten Leute, Tod, Euch sei geflucht!"
In diesen Zeilen wird all die Verzweiflung spürbar, die die Menschen in der Zeit des großen Sterbens empfunden haben mögen. Im Zweifel an Gott, der in der Verfluchung des Todes anklingt, deutet sich das Ende mittelalterlichen Denkens an.

Die Pest – eine Bedrohung bis heute?

Ohne dass die Menschen eine Erklärung dafür gehabt hätten, kam die Seuche gelegentlich nach einigen Monaten – wenn auch nur vorübergehend – zum Stillstand, und zwar dann, wenn es im Winter so kalt wurde, dass auch in den Lebensräumen der Ratten niedrige Temperaturen herrschten. In solchen Zeiten nämlich fielen die Überträger der Bakterien, der Ratten- und der Menschenfloh, in eine Winterstarre, sodass die Übertragung durch Flohbisse ausblieb. Außerdem waren die Menschen, die die Bubonenpest überlebt oder nur die leichteste Form der Erkrankung gehabt hatten, für einige Zeit immun. Doch kehrte

| Tod und Graf

die Pest in unregelmäßigen Abständen zurück, wenn sie auch nicht mehr zu einem solchen Massensterben führte wie in den Jahren 1348 bis 1350. Auch dadurch, dass man allmählich die Abwasser- und Müllbeseitigung in den Städten verbesserte (und dadurch die Rattenplage verminderte) und Pestkranke bei den ersten Anzeichen der

Krankheit sofort isolierte, wurde die Sterblichkeit durch die Pest gemindert. Doch blieb sie bis ins 19. Jahrhundert eine gefürchtete Heimsuchung, über deren genaue Ursache man erst nach der Entdeckung des Pestbazillus (vgl. S. 65) Aufschluss gewann.

Heute kann man die Pest, die noch in Teilen Südamerikas, Afrikas und Südostasiens auftritt, mit Antibiotika* (z.B. Sulfonamiden* oder Tetrazyklinen*) heilen oder sich auch durch Impfung vor ihr schützen.

Doch niemand weiß genau, ob sich die Pestbazillen nicht eines Tages so verändern, dass die heutigen Heilmittel ihnen nichts mehr anhaben können. Dann könnte die Pest wieder zur tödlichen Gefahr werden, zum Schwarzen Tod.

Tod und Jungfrau

Glossar

Aderlass	*häufigste Heilmethode der auf der → Säftelehre beruhenden Medizin; durch Blutentnahme (meist aus dem Oberarm) sollten Giftstoffe aus dem Körper entfernt werden; diese Prozedur schadete mehr, als sie nützte, weil sie den Kranken zusätzlich schwächte*
Alraunwurzel	*ein Nachtschattengewächs, dessen Wurzel wegen ihrer oft menschenähnlichen Gestalt magische Kräfte zugeschrieben wurden*
Antibiotikum	*Plural Antibiotika, Stoffwechselprodukte von Bakterien oder Pilzen, die auf bestimmte → Erreger wachstumshemmend oder tödlich wirken*
Aussatz	*mittelalterliche Bezeichnung für Lepra, eine schwere Infektionskrankheit, bei der die Nerven geschädigt werden. Die von ihr befallenen Menschen mussten sich von der Gemeinschaft fernhalten, sie wurden „ausgesetzt"*
Bader	*Handwerker, der die Funktionen eines Friseurs, Zahnreißers und Chirurgen ausübte*
Bakterien	*Kleinstlebewesen in Kugel-, Schrauben- oder Stäbchenform, nur unter dem Mikroskop sichtbar; viele von ihnen sind → Erreger von Krankheiten; zu ihnen zählen auch die Bazillen*

Balkaschsee	*See in Kasachstan, wo die Pestpandemie wahrscheinlich ihren Ursprung hatte*
Brechmittel	*Arznei, die den Patienten zum Erbrechen brachte; das sollte der Entfernung von Giftstoffen dienen; nur bei akuten Vergiftungen hilfreich, sonst eher schädlich*
Bubonen	*eiförmige entzündliche Schwellungen unter den Achseln oder in den Leisten als Folge einer Pesterkrankung*
Ehalten	*Dienstboten*
Einlauf	*in den Darm eingeführte, stuhlganganregende Flüssigkeit, sollte den Körper entgiften*
Elemente	*nach den Vorstellungen der mittelalterlichen und antiken Medizin die vier Grundbausteine allen Lebens mit je zwei besonderen Eigenschaften: Erde (kalt und trocken), Wasser (kalt und feucht), Luft (heiß und feucht), Feuer (heiß und trocken), aus denen auch die Säfte hervorgingen, → Säftelehre*
Epidemie	*das massenhafte Auftreten einer → Infektionskrankheit*
Erreger	*Lebewesen wie → Bakterien, → Viren, Pilze oder Parasiten (z. B. Würmer), die im Körper Krankheiten hervorrufen*
Essig	*im Mittelalter häufig zur Wundbehandlung eingesetztes Mittel; tatsächlich hat Essig eine adstringierende (zusammenziehende) und desinfizierende (keimtötende) Wirkung*

Feodosia	*heutiger Name der Stadt → Kaffa auf der Krim*
finnig	*infolge von Bandwurmbefall erkrankte Rinder oder Schweine*
Fresko	*sehr widerstandsfähige und haltbare Wandmalerei, bei der die Farben auf den feuchten Putz aufgetragen werden*
Galenus	*griech. Galenos, in Rom praktizierender griechischer Arzt (ca. 129–199 n. Chr.), der die Medizin der → Säftelehre fortentwickelte und systematisierte; seine Lehren blieben teilweise bis in das 18. Jahrhundert wirksam*
Hippokrates	*griechischer Arzt (um 460–377 v. Chr.), der auf der Insel Kos in einer Tempelanlage ein Sanatorium unterhielt und auf den der berühmte hippokratische Eid zurückgehen soll*
Humores	*s. → Säftelehre*
Ibn Sina	*lat. Avicenna (980–1037), persischer Arzt, der die Erkenntnisse der antiken Medizin wiederentdeckte und weiterentwickelte*
Infektionskrankheit	*durch pflanzliche oder tierische → Erreger hervorgerufene Krankheit*
Innerer Rat	*Teil des Stadtrats, in dem nur die mächtigsten und reichsten Bürger vertreten waren; weniger einflussreiche (z. B. mittlere Kaufleute oder angesehene Handwerksmeister) zählten zum Äußeren Rat*
Kaffa	*genuesischer Handelsstützpunkt auf der Krim, heute → Feodosia*

Kandelaber	mehrarmiger Kerzenleuchter
Kirchenväter	bedeutende kirchliche Schriftsteller aus der Frühzeit des Christentums (z. B. Augustinus)
Kodex	im Mittelalter als Buch zusammengebundene Handschrift auf Pergament oder Papier
Kursive	spätmittelalterliche Schrägschrift, die schnelles Schreiben erlaubte
Mesner	Kirchendiener, Küster
Mezuza	Kapsel mit einer Schriftrolle an der Tür jüdischer Häuser, auf der Verse aus dem fünften Buch Mose standen
Mikwe	jüdisches Ritualbad, dessen Wasseroberfläche unter dem Grundwasserspiegel liegen musste
Minderbrüder	Bezeichnung für die Angehörigen des Franziskanerordens
Mohnsirup	Schlaf- und Schmerzmittel aus dem Milchsaft des Schlafmohns
Pandemie	besonders verheerende und weitreichende → Epidemie
Pestacker	Friedhof außerhalb der Stadtmauern zur Massenbestattung von Pesttoten
Pogrom	gewaltsames, zerstörerisches Vorgehen gegen eine Minderheit, besonders gegen die Juden
Prior	in Abteien Stellvertreter des Abts, in kleineren Klöstern der Vorsteher des Klosters
Reliquien	Überreste des Körpers eines Heiligen (z. B. Knochen) oder Gegenstände, die er genutzt hat (z. B. Kleidung, Schmuck)

Säftelehre	wichtigste Lehre der antiken und mittelalterlichen Medizin, die davon ausging, dass der Körper aus vier jeweils einem der vier → Elemente zugeordneten Säften (lat. humores) bestünde: schwarzer Galle (Erde), Schleim (Wasser), Blut (Luft) und gelber Galle (Feuer); wenn ein oder mehrere Säfte im Übermaß vorhanden oder verdorben waren, wurde der Mensch krank
Salerno	Stadt in Süditalien, Sitz der berühmtesten mittelalterlichen Hochschule für Medizin, von der aus das antike und arabische Heilwissen auch nach Deutschland gelangte
Septikämie	weitreichende, lebensbedrohende → Infektion, Blutvergiftung
Siechenhaus	im Spätmittelalter entstandene Form des Krankenhauses, das vor allem auch dazu diente, die Kranken von den Gesunden zu isolieren, um so die Ansteckungsgefahr zu vermindern
Sulfonamide	künstlich hergestellte Medikamente zur Bekämpfung von → Infektionen durch → Bakterien
Synagoge	jüdischer Tempel
Talmud	Sammlung von Auslegungen und Rechtsvorschriften auf der Basis des ersten bis fünften Buchs Mose des Alten Testaments (der Tora), fertiggestellt im 5. Jahrhundert

Tetrazykline	*gegen eine große Anzahl von → Bakterien wirksame → Antibiotika*
Theriak	*außerordentlich teure, ebenso begehrte wie nutzlose Arznei aus zahllosen pflanzlichen, mineralischen und tierischen Bestandteilen nach verschiedenen Geheimrezepten, die auch gegen die Pest helfen sollte*
Traktat	*fachliche Abhandlung*
Tröpfcheninfektion	*Infektion, die vor allem durch Husten oder Niesen eines Erkrankten auf andere übertragen wird*
Virus	*Plural Viren; winzige Teilchen aus Eiweiß und Nukleinsäure, die sich in Körperzellen vermehren und Infektionen bzw. Tumoren hervorrufen können*
Zünfte	*Verbände, zu denen sich die städtischen Handwerker eines Gewerbes zusammenschlossen*

Inhalt – Erzählung

Nacht des Schreckens	5
Der Schwarze Tod	19
Ein ratloser Rat	37
Der Kampf ist aussichtslos	50
Ein schweres Erbe	70
Der Tanz auf dem Vulkan	87
Feuersturm	102
Totentanz	123

Inhalt – Sachkapitel

Ein Schrecken aus dem Nichts	16
Vier Elemente und vier Körpersäfte	31
„Verpestete" Luft	48
Von Flöhen, Ratten und Menschen	65
Die Heiligen – Helfer in der größten Not?	83
Zeit des Umbruchs: die Folgen der Pest	98
Im Schatten des Schwarzen Todes: Geißlerzüge und Judenmord	117
Lasst ab von dem übermütigen Tun	130
Glossar	134
Quellennachweise/Impressum	142

Quellennachweise

Abbildungen: © akg-images; S. 65 © picture alliance/OKAPIA KG;
S. 67, 85 © Bildarchiv Preußischer Kulturbesitz

Impressum

In neuer Rechtschreibung

1. Auflage 2008
© Arena Verlag GmbH, Würzburg 2008
Alle Rechte vorbehalten
Coverillustration: Joachim Knappe
Innenillustration: Klaus Puth
Satz: Claudia Böhme nach einer Gestaltung und Typografie von knaus. büro für konzeptionelle und visuelle identitäten, Würzburg
Gesamtherstellung: Westermann Druck Zwickau GmbH
ISBN: 978-3-401-05583-1

www.arena-verlag.de

ARENA BIBLIOTHEK DES WISSENS

978-3-401-06180-1

978-3-401-06222-8

978-3-401-06178-8

Eine Auswahl lieferbarer Titel:

Andreas Venzke
Goethe und des Pudels Kern
ISBN 978-3-401-05994-5

Andreas Venzke
Luther und die Macht des Wortes
ISBN 978-3-401-06041-5

Luca Novelli
**Darwin und die wahre
Geschichte der Dinosaurier**
ISBN 978-3-401-05742-2

Luca Novelli
**Archimedes und der
Hebel der Welt**
ISBN 978-3-401-05744-6

Luca Novelli
**Leonardo da Vinci, der Zeichner
der Zukunft**
ISBN 978-3-401-05940-2

Maria Regina Kaiser
**Alexander der Große und
die Grenzen der Welt**
ISBN 978-3-401-06064-4

Harald Parigger
Caesar und die Fäden der Macht
ISBN 978-3-401-05979-2

Jeder Band:
Ab 11 Jahren.
Klappenbroschur.
www.arena-verlag.de

ARENA BIBLIOTHEK DES WISSENS

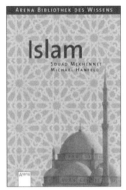
978-3-401-06220-4

978-3-401-06216-7

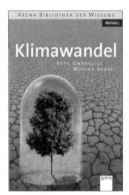
978-3-401-06219-8

Eine Auswahl lieferbarer Titel:

Luca Novelli
Edison und die Erfindung des Lichts
ISBN 978-3-401-05587-9

Luca Novelli
Marie Curie und das Rätsel der Atome
ISBN 978-3-401-06214-3

Luca Novelli
Galilei und der erste Krieg der Sterne
ISBN 978-3-401-05741-5

Gerd Schneider
Politik
ISBN 978-3-401-06172-6

Luca Novelli
Einstein und die Zeitmaschinen
ISBN 978-3-401-05743-9

Georg Popp (Hrsg.)
Die Großen der Welt
ISBN 978-3-401-05891-7

Harald Parigger
Barbara Schwarz und das Feuer der Willkür - Ein Fall aus der Geschichte der Hexenverfolgungen
ISBN 978-3-401-06124-5

Jeder Band:
Ab 11 Jahren.
Klappenbroschur.
www.arena-verlag.de